Inside Hitler's Germany
Life Under The Third Reich

铁血与面包

第三帝国社会生活史

〔英〕马修·休兹（Matthew Hughes） 克里斯·曼（Chris Mann） 著

于仓和 译

中国市场出版社
China Market Press

图书在版编目（CIP）数据

铁血与面包：第三帝国社会生活史 / (英) 马修·休兹 (Matthew Hughes)，(英) 克里斯·曼(Chris Mann) 著；于仓和译著. -- 北京：中国市场出版社，2018.1
书名原文: Inside Hitler's Germany: Life Under The Third Reich
ISBN 978-7-5092-1604-0

Ⅰ. ①铁⋯ Ⅱ. ①马⋯ ②克⋯ ③于⋯ Ⅲ. ①德意志第三帝国－社会生活－史料 Ⅳ. ①K516.44②D751.68

中国版本图书馆CIP数据核字(2017)第249783号

著作权合同登记号：图字 01-2015-8714

出版发行	中国市场出版社
社　　址	北京月坛北小街2号院3号楼　　邮政编码　100837
出版发行	编 辑 部（010）68034118　　　　读者服务部（010）68022950
	发 行 部（010）68021338　68020340　68053489
	68024335　68033577　68033539
	总 编 室（010）68020336
	盗版举报（010）68020336
经　　销	新华书店
印　　刷	北京文昌阁彩色印刷有限责任公司
规　　格	170毫米×240毫米　16开本　　版　次　2018年1月第1版
印　　张	16　　　　　　　　　　　　　　印　次　2018年1月第1次印刷
字　　数	340千字　　　　　　　　　　　定　价　66.00元

目　录

第1章

阿道夫·希特勒

阿道夫·希特勒（Adolf Hitler）生于公元1889年4月20日，就像许多纳粹分子一样，他是奥地利人，同时也是一个无法适应环境的人。有充足的资料可以说明他的幼年生活。他出生地在奥地利与德国边境附近茵河（Inn）畔的布拉瑙（Branau），出生时他的父亲阿洛伊斯·希特勒（Alois Hitler）时年52岁，是奥匈帝国一

名税务官员；而希特勒的母亲是农村妇女，小丈夫将近30岁。阿洛伊斯是私生子，他的继父姓希德勒（Hiedler）；1876年时，原本姓希克尔古鲁伯（Schicklgruber）的阿洛伊斯认为这个姓听起来既粗俗又土气，因此将其改为希特勒。在奥匈帝国的这个地区，希德勒、西特勒（Hietler）、许特勒（Hüttler/Hütler）和希特勒等姓氏所代表的

←←图为希特勒摆出"天命之人"的姿态留影。纳粹敏锐地察觉到媒体的优势，并运用影片和广播等工具来推销希特勒。

↓图为1934年纳粹大型群众集会中的希特勒。

意思是"小农"。

希特勒的童年过得并不愉快，虽然母亲相当溺爱他，但父亲却极为严厉，难以相处。阿洛伊斯是一位典型的中产阶级省政府民事公务人员，为人节俭、严厉、学究、自负、缺乏幽默感，且具有阶级意识。阿洛伊斯对于经营家庭并没有太大的兴趣，反而比较喜欢把时间用来在酒吧喝酒和抽烟，或是沉迷于养蜂。阿洛伊斯结过三次婚，是一个冷漠的人，他的体罚也许对儿子阿道夫造成深刻冲击，可能对阿道夫以高人一等的蔑视对待柔顺的女性、想要主导一切的欲望、无法深入经营人际关系和他巨大的憎恨能量产生了影响。从早年开始，阿道夫的坚强意志就与父亲的意志相冲突，这样的冲突总是使年少的阿道夫遭受严重打击，正如阿道夫的妹妹宝拉（Paula）日后所回忆的："尤其是我的哥哥阿道夫挑战父亲严厉态度的底线，因此每天都遭到不折不扣的打击……然而每一次我的母亲都会爱抚他、拥抱他，并试着用她的慈爱来获得父亲用严厉所无法达到的效果。"

艰苦的童年

阿道夫也未能接受完善的教育。他的父亲因为工作的缘故而迁居，使孩子的学校教育中断，最后阿道夫在1900年从小学毕业，进入中学就读。希特勒的父亲给他选择了一般中学，而非高级文科中学。一般中学较注重职业训练，不太重视传统的教育，这反映出阿道夫的父亲抱持的观点，认为古典和人文主义科目对于将来谋职维生并没有太大用处。在一般中学求学期间，希特勒的表现并不突出，课业成绩乏善可陈，平常不守规矩，时时和试图管教他的师长们起冲突，为自己惹来麻烦。由于希特勒对于学校

↓希特勒的父亲阿洛伊斯是一个严厉且爱记恨的人，当希特勒还是个孩子时他就过世了。在本图中可看出他留了法兰兹·约瑟夫（Franz Joseph）式的八字胡和络腮胡。

←图为第一次世界大战爆发后，欢喜不已的希特勒在慕尼黑挤在人群中的知名照片。这位未来的纳粹领导人在1914年加入德国陆军。

教育和师长们厌恶万分，他因此中断了学业。希特勒对学术研究和有关知识分子的一切事物的蔑视，都可以在纳粹主义中找到最强烈的表达。他评论道："我的老师大部分在心智上都有些问题，而他们当中有不少人终其一生都是货真价实的傻子。"在求学期间和往后的日子里，希特勒唯一感兴趣的主题就是德国，凡是公共图书馆里内容与德国各个方面相关的书籍，他都会加以研读。

1907年，希特勒前往维也纳，想要进入维也纳艺术学院就读，不过却无法通过入学考试，这对他来说是另一次打击，也是他憎恨教师和知识分子更深一层的根源。他的母亲在第二年过逝，因此从这时起直到第一次世界大战爆发，他就

待在维也纳勉强糊口（1913年至1914年时则是在慕尼黑）。这位德国未来的总理沦落到睡在廉价旅馆里，整天穿着长大衣，蓬头垢面、不修边幅，其他同样贫困潦倒的朋友们就给他取了个绰号"欧姆·保罗·克吕格"（Ohm Paul Krüger），这是当时波尔人（Boer）首领的名字。然而希特勒可不是那种愿意安于贫困的人，他的姑母把他母亲的一些遗产施舍给他，而且再加上帮人画素描的收入，一幅画可以卖5克朗，他的生活水准提高了，收入偶尔还能达到年轻教师的水准，但是在其他时候仍为缺钱所苦。说实在的，从整体角度来看，希特勒在维也纳的这6年生活确实不怎么好过。

传统的观点认为，希特勒在维

也纳的时候培养出反犹太人的态度，不过这样的观点还不算明确。希特勒把画作贩卖给许多犹太人画商，也认为犹太人是比较精明的商人，比基督教徒画商更可靠，他甚至与一名犹太画商约瑟夫·诺伊曼（Josef Neumann）建立了良好友谊。但是后来他在《我的奋斗》（Mein Kampf）一书中宣称，他从林兹（Linz）来到维也纳之后就成为反犹太分子。希特勒在一个特别的章节中谈道："当我在贫民区中辗转流浪时，突然间碰上一个穿着黑色长袖上衣、有着黑色头发的幽灵。'他是一个犹太人吗？'这是

我的第一个想法。不过他们在林兹看起来并不像这样，为了确认，我偷偷摸摸、小心翼翼地观察这个人，但我盯着他的外国面孔愈久，细看一个又一个的特征，就会冒出一个新问题：'是一个日耳曼人吗？'"随着这次的偶遇，希特勒开始以另一种观点来审视维也纳："不论我到哪里，我开始去注意犹太人，而且只要我看到愈多，他们在我眼里与其他人类的区别也就益发鲜明。"渐渐地，希特勒把怨恨有关奥匈帝国衰败的一切事务都与犹太人的阴谋诡计联想在一起，他也通过所谓的"马克思主义犹太教

↓图为第一次世界大战的德军士兵，戴着尖顶头盔和简陋的防毒面具站在壕沟里。希特勒回顾他在西线的日子时，总是非常怀念。

条"，把马克思主义和犹太人联结在一块。

不过我们很难确认希特勒在这段时间内的反犹态度，而他和一些犹太人的友谊实际上则反映出其他方向。希特勒在第一次世界大战时的同僚们也证实他并没有表现出显著的反犹太人观点，因此现在学界对希特勒的看法是，他宣称在战前的维也纳成形的激进反犹态度，事实上主要是在1918年后的德国产生。希特勒强调在维也纳所过的生活，更能强化他所自诩的从贫困中白手起家的形象。事实上，他对犹太人（还有马克思主义）的病态憎恶，看起来更像是从德国于1918年战败中的经历，还有在魏玛德国（Weimar Germany）中身为暴民煽动者的生活里产生，而非在衰败的奥匈帝国的战前岁月中。

1914年8月，随着法兰兹·斐迪南（Franz Ferdinand）大公遭暗杀身亡，第一次世界大战在欧洲爆发。这场战争震撼了旧世界，并且证明对被卷入冲突的人们来说是塑造人格的体验，例如希特勒和意大利的贝尼托·墨索里尼（Benito Mussolini）都是退伍士兵成为战后法西斯运动的骨干分子。如果大战没有在1914年爆发的话，希特勒很可能就会以二流无名画家的身份勉强地度过余生，但是他命中注定要踏上另外一条路。

身为奥地利人（而且还是一个逃避奥匈帝国陆军兵役的人），他向巴伐利亚（Bavaria）统治者路德维希三世（Ludwig III）国王提出申请，要求加入德国陆军中的巴伐利亚部队。从整体来看，这场战争对希特勒而言是上天赐予的礼物，这代表他在1907年离家后失业闲散生活的结束；对希特勒来说，这是他第一次有了目标、同志和纪律，也是第一份真正的工作。希特勒不顾一切地坚持留在巴伐利亚第16后备步兵团［也因为团长的关系而被称为李斯特（List）团］，即使负伤也一样，日后希特勒在提到这段战争岁月时，称之为"我世俗一生当中最伟大也最无法忘怀的日子"。

希特勒在大战期间担任传令兵，勇气过人，总是在战况最激烈的时候出任务，冒了许许多多风险，然而长官们认为他缺乏领导潜能，所以他从未晋升到下士以上的阶层，但希特勒看起来对晋升也无兴趣。1914年11月，一枚法军炮弹命中了该团的前进指挥所，参谋人员非死即伤，那时希特勒才刚离开没几分钟而已。1914年12月2日，希特勒获颁二级铁十字勋章，他说这是"我一生中最愉快的一天"。除此之外，希特勒非常严肃，缺乏幽默感。有一次，希特勒的同僚们暗示他是否会想要跟一名法国女孩约会，他反感地回应："要是我跟

↑ 战后德国的不满。图为1919年时的群众示威。希特勒在慕尼黑目睹志愿军粉碎巴伐利亚的社会主义政府。

法国女孩上床的话，我会羞愤而死。"这是希特勒在战后与女性关系不佳的前兆。不过他却对同僚十分忠实，与希特勒一起服役的人在战后通常受到良好照顾。然而另一方面，例如1934年"长刀之夜"（Night of the Long Knives）这类的行动可以证明，如果希特勒认为战争中的老兵，或是往昔的纳粹运动同志成为威胁的话，他也会毫不犹豫地杀害他们。

在壕沟中，希特勒曾收到几个从家乡寄来的包裹，他既不抽烟，也不喝酒，也从未嫖妓，反而把时间花在沉思上，或是用来阅读，成为同僚们冷嘲热讽的笑柄。在前线时，希特勒喜欢一只白色的小猎犬，在恐怖的壕沟战当中，希特勒若是付出了什么感情，都是花在这只猎犬身上，因此当这只狗走失时，希特勒就这么一次动了情，他对这只狗的喜爱可以在之后宠爱阿尔萨斯狗布隆迪（Blondi）身上看得出来。希特勒对狗比对人还要亲昵，可能是因为它们对人类表现出坚定不移的忠诚和顺从。希特勒钦点的建筑师和战争计划者阿尔贝特·施佩尔（Albert Speer）就曾回忆说，希特勒对狗的宠爱看起来像是他唯一具备的人类情感。

虽然身为奥地利人，但希特勒极度地爱国，心中念念不忘的就是德意志帝国的战斗。1914年时，他厌恶圣诞节欢乐友善的气氛，并且容易被同僚认为战争会失利的失败主义者观点而激怒。有趣的是，如同前面所提到的，希特勒的同僚们还记得他没有太多敌视犹太人的批评，但一些即席的反犹太人演说却是未来大屠杀主使者的本质。

大战结束

1916年，希特勒被一枚英军炮弹炸伤，因而被送往柏林附近的一个医院接受治疗。当他目睹前线后方士气低落、装病逃兵事件层出不穷时大为震惊，而此一印象之后就变成纳粹主张德国之所以会战败的"暗箭"说法。希特勒非常渴望再度返回战场，因此于1917年3月在维米（Vimy）附近重新加入李斯特团。1918年8月4日，希特勒获颁一级铁十字勋章（Eisernes Kreuz, EK1），这对德意志帝国陆军的一般士兵来说是个相当罕见的殊荣。但讽刺的是，希特勒是被一名犹太军官胡果·古特曼（Hugo Gutmann）少尉提名而得到这枚勋章。据说希特勒是因为单枪匹马俘虏15名敌军士兵才获颁勋章，但实际上是因为他在猛烈敌火中英勇地传递一道命令而建功。古特曼向两名传令兵做出承诺，其中一名就是希特勒，如果他们完成任务，就可以获得勋章。如果传令兵勇敢的行动在当时没有那样引人注目，那么

意味着古特曼在授奖获得同意之前就已经提前几个星期的时间向师部申请。

1918年10月，也就是休战前一个月，希特勒被芥子气弄伤眼睛，导致局部失明。当战争结束时，他正在波美拉尼亚（Pomerania）的医院中休养，逐渐恢复健康。德国战败的消息深深撼动了希特勒，他躺在医院病床上时回想起如何"得知每一件事情都失败了，只有傻瓜、骗子和罪犯会希望获得敌人的

↓图为1921年希特勒着平民服装摄影。他在战后被陆军雇用，负责监视政党组织，包括德意志工人党在内。

怜悯。在这几天夜里，针对带来这一切罪恶的人，我的怨恨逐渐增长，不过我决定要投身政治"。

第一次世界大战使欧洲受创，并为共产主义和法西斯主义的成功奠定基础。对许多打过壕沟战的老兵来说，重返平民生活被证明是不可能实现的适应过程，而这些老兵当中有许多人在新兴法西斯运动的笔挺制服和严明纪律当中找到新归宿。在德国，许多未来的资深纳粹党人，比如赫尔曼·戈林（Hermann Göring）和鲁道夫·赫斯（Rudolf Hess）都曾亲身参与第一次世界大战，并且把他们在前线上的物质生活带进法西斯政治中。对希特勒来说，他所重返的德国正在被左翼和右翼对决的政治斗争撕裂，共产主义者和右翼的准军事单位志愿军（Freikorps）相互缠斗以争夺控制权。希特勒身为一位忠实的士官，李斯特团的发饷名单当中仍有他的名字，他还被赋予在慕尼黑侦察政党组织的任务，这是他在和平时期唯一拥有固定薪俸的适当工作。在希特勒所要侦察的政党组织当中，有一个德意志工人党（Deutsche Arbeiterpartei, DAP）最能吸引他的注意力。1919年9月，30岁的希特勒在德意志工人党一场会议上以辛辣言辞打岔发言之后，加入了德意志工人党，成为第7位党员。然而他真的是第7位党员吗？

第7位党员？

希特勒的一生，其中一个不断循环的话题就是欺骗。如同在前面看到的，他在维也纳时与犹太人做生意，看起来并未表现得格外反对犹太人。希特勒在20世纪20年代培养出的反犹主义需要一些根源，因此希特勒宣称他的反犹主义是在维也纳生活时期形成的。然而这并非实情，因为被出卖的感觉和许多德国人在战败后所感受到的憎恨，使得希特勒就像许多其他人一样，在20世纪20年代成为极端的反犹主义者。希特勒需要与众不同，而不是把他的意识形态归属到1919年时许多德国人都抱持的乏味想法，他要有长远眼光，这就是为什么他在述说维也纳的生活时撒了谎，希特勒之后的自述使他成为"特别的人"。

有关希特勒的德意志工人党党员资格也是相同的道理。希特勒实际上是对事件做出反应，并加入一个已经成立的政党，而不是在前方领导、创立属于自己的政党，因此希特勒可能是个务实主义者，而非空想家。希特勒事实上是以德意志工人党第555位党员的身份加入该党，但是纳粹党随后掩盖了此一事实，并宣称希特勒是第7位党员。

德意志工人党的创始人安东·德瑞克斯勒（Anton Drexler）甚至在1940年时写信给元首表示："我的元首，没有人比您自己更心知肚明，您从来就不是工人党的第7位党员，只是当我要求您担任宣传代表的时候，您充其量是委员会的第7位委员。数年前，我被迫在党务会议中抱怨您第一张上有许斯乐（Shüssler）签名的德意志工人党证已经被窜改，从第555号改成第7号……如果人们是依照历史走向确实发生的状况进行描述的话，对后世来说不知道会多好、多有价值。"（德瑞克斯勒在党内成为幕后人物，被人们遗忘，1942年在慕尼黑去世。）

希特勒对于演讲相当拿手，他的演说为德意志工人党吸收到新党员，他在1921年时接管党务，还将党名更改为德国国家社会主义工人党（Nationalsozialistische Deutsche Arbeiterpartei, NSDAP）。这个党名被缩写成纳粹（Nazi），是由National的第一个音节Na和sozialist的第二个音节zi合成［类似的状况也发生在把国家秘密警察（Geheime Staatspolizei）缩写成"盖世太保"（Gestapo）的过程里］。"纳粹"一词彻底成为法西斯主义的象征，进而招募到"新血"，不但有制服，也有一种

↓图为早期的纳粹党员聚会。最右边的纳粹党员佩戴铁十字勋章和带钩十字臂章，纳粹挪用了这种古老符号。

↑图为1923年政变失败前，希特勒着便服参加纳粹党在纽伦堡举行的集会，此时纳粹党在巴伐利亚拥有7万名党员。

新的问候方式取代了日安（Guten Tag），就是"希特勒万岁"。最后在德国，新的学期就以"希特勒万岁"作为开始，而每一位学童都被指望每天说超过一百次"希特勒万岁"。

随着新的问候方式而来的就是高举右手臂敬礼；纳粹党也将一种古印度吉祥标志"卐"（Swastika）挪用为影响深远的党徽，即带钩十字（Hakenkreuz），这是一种古老的符号，曾出现在陶器上，时间可追溯至公元前4000年。在纳粹的安排下，黑色的带钩十字再配上红底白圈的底图，代表优越的"雅利安"（Aryan）种族，而纳粹党的宣传机器在约瑟夫·戈培尔（Josef Göbbels）博士的指挥下，将这个符号普及化，成为正式的纳粹象征。

希特勒的简单政治标语方案补充了符号和问候的运用，这项方案是利用报纸和冲锋队（Sturmabteilung, SA）在幕后支持。冲锋队是由另一个老兵，也就是粗暴的恩斯特·罗姆（Ernst Röhm）指挥，负责在街头与共产党员和社会民主主义分子战斗。希特勒不断大力宣扬德国所有的悲惨和不幸，都是国际上犹太人和马克思主义者造成的结果，而他这些信息就被许多人民满怀热情地接受，他们因为《凡尔赛条约》（*Treaty of Versailles*）和经济混乱带来的苦痛感到气愤。希特勒关于种族优越和极端国家主义的想法并不是全新的东西，但他利用令人目不转睛的表演能力和滔滔不绝的雄辩口才加以渲染，所有这一切都经过小心翼翼的策划，为的是让希特勒能够建立如神一般的地位。1921年，当希特勒走进慕尼黑的一家学生咖啡馆时，赫贝尔特·里希特（Herbert Richter）回忆："他穿着一件敞领衬衫，身旁有警卫人员，还有支持者前呼后拥……而我注意到跟他一起抵达的那些人的样子——他们当中有三四个人，他们的眼睛盯着希特勒猛看；对许多人来说，他身上一定有什么特别迷人的地方。"

命定之人

这类激励人心的形象，是由希特勒的官方摄影师海因里希·霍夫曼（Heinrich Hoffman）所主导，他创作出一系列的希特勒照片，带有自然主义的味道以及"命定之人"的感觉：希特勒以锐利的目光扫视人群，身旁总是有彬彬有礼、忠实体贴的随从围绕。希特勒看到他的人格成为纳粹党一个最大资产，因此培养了"伟大人物"的独

↓图为1923年时的纳粹党突击部队，希特勒在这一年发动"啤酒馆政变"。这些人的装备包括步枪和警棍，大部分都穿着第一次世界大战时期的制服。

特格调，像是在跟别人说话时会专注地凝视对方的双眼等。

弗立多林·冯·史保恩（Fridolin von Spaun）曾在一次纳粹党的晚宴中遇见希特勒，他回忆道："突然间，我注意到希特勒的目光停留在我身上，因此我也抬起头来看着他，这可以说是我一生当中最难以理解的时刻之一。他不是猜疑地看着我，但我感觉到他这样仔细地瞧着我有点像是……对我来说很难继续承受这样的眼神，但是我心里想着一定不能把我的眼睛移开，否则他会认为我是在逃避什么。然后就

↓图为希特勒与冲锋队队长恩斯特·罗姆。他尽管在20世纪20年代时与希特勒关系密切，但逐渐被视为是一大威胁，并于1934年遭到暗杀。

发生了一件只有心理学家才能够论断的事——如此的凝视刚开始完全停留在我身上，忽然间就直直地穿越我，射向无从得知的远方。这真是不寻常的体验，而他向我投射来的这个深邃凝视让我完全说服自己他是位有着高尚意图的人。现在大部分人可能不会再吃这一套，他们会说我老了，而且很幼稚，但这不是真的，他本身就是一个惊人的奇迹。"由于他就是这样一路投身政治，希特勒证明了20世纪20年代德国陆军司令汉斯·冯·席克特（Hans von Seeckt）的座右铭"锋芒内敛"。

啤酒馆政变

1923年，希特勒在慕尼黑领导了一次流产政变（也就是所谓的"啤酒馆政变"），意图拉开对抗魏玛共和国的全国革命序幕，希特勒周围"神话"的创造因而加快了脚步，一切事务都再次跟第一眼的印象有所不同。政变最后失败了，希特勒和其他主谋元凶于1924年2月接受审判，不过他站了出来，宣称要为这次的政变担负完全责任，因为这次事件夺去了三名警察的生命。他在法庭前的演说和举止使他声名大噪，成了全国家喻户晓的知名人物。

希特勒在法官面前宣称："先

←图为1923年纳粹党于慕尼黑举行的集会。注意演讲者在向大批群众演说时，身旁有武装警卫保护。

生们，并不是您对我们宣布判决，而是历史的永恒法庭将会做出针对指控我们犯下（叛国罪）的宣判……您可以宣判我们有罪一千次，但是主持永恒历史法庭的女神将会对我们微笑，然后把检察官的诉状和这个法庭的裁决书撕成碎片，因为她宣告我们无罪。"在一般的状况下，这些充满勇气的辞令将会激怒法官做出更重的判决，但是在这个公开的法庭，希特勒并没有真正地冒任何风险，因为主持这场审判的法官葛欧格·奈特哈特（Georg Neithardt）在1922年就已搁置了一次稍早时希特勒被控暴力滋事的审判。在那场审判中，奈特哈特裁定了最轻微的三个月徒刑，之后他再写信给高等法院，要求将三个月徒刑减轻为罚款。1924年，

当希特勒勇敢地挺身而出时，他是在富有同情心的法官面前这么做，十分明白他可以畅所欲言。等到1933年1月希特勒掌权后，纳粹党试图迅速查封有关这场审判的所有证据（他们同样也没收了有关希特勒战前在维也纳的生活细节的证据）。在"啤酒馆政变"的审判中，希特勒并没有像一般从书中读到的那样创造历史。

在被判处最轻的五年徒刑后，希特勒在兰德斯堡监狱（Landesberg）里一间舒适的单人牢房服刑（他甚至因为吃太多而胖了不少）。十个月之后他就出狱了，并且在狱中写了一份宣言《对抗谎言、愚蠢和懦弱的四年半奋斗》（*Four and a Half Years of Struggle against Lies, Stupidity and*

Cowardice），之后被希特勒的出版商马克斯·阿曼（Max Amann，后来成为帝国新闻办公室主任）缩短为朝气蓬勃的《我的奋斗》。《我的奋斗》中许多浮夸、杂乱的讨论被许多人看成是希特勒日后行动的蓝图，然而希特勒实际上执行的政策却显示并非如此。

不过很快地，德国的每一个家庭都必须要有一本《我的奋斗》（就算只有少部分德国人真正读过），而这本书的版税就成为希特勒个人收入的主要来源。在战后，希特勒的所得税档案被人发现，从中可知希特勒在1925年的收入是19843马克，1926年是15903马克，1927年是11494马克，1928年是18818马克，而1929年则是15448马克，这些数字与他卖这本书所得的版税密切吻合。

希特勒在兰德斯堡之后的经历都有妥善的档案记录。在20世纪20年代末期，纳粹党在选举中的表现奇差无比，但之后华尔街（Wall Street）经济崩溃带来的大萧条却协助纳粹党取得无比声望。富有的德国政治人物和商人认为他们可以控制希特勒，并利用他来打击共产主义和劳工组织，因此在他们的资助下，希特勒于1933年1月成为德国总理，这就是希特勒第三帝国的肇始。最后这个第三帝国仅仅维持了12年，并使德意志遭受战败、毁灭和被占领的屈辱。

希特勒与移交的权力结构

在纳粹主义国家的发展过程中，希特勒的人格和想法很自然地扮演了重要角色。他最受争议的其

→图为1923年纳粹政变阴谋失败后，德国陆军骑兵肃清慕尼黑的街道。希特勒和戈林在这场流产政变中都受了伤。

Vom Hitlerputsch 9. Nov. 1923 in München,
Säuberung der Strassen.

←图为1927年，希特勒穿着德国国家社会主义工人党的制服，右起第四人是他的党内同僚葛瑞格·史特拉瑟（Gregor Strasser）。史特拉瑟逐渐被视为是希特勒的威胁，在1934年遭到暗杀。

中一条信念就是社会达尔文主义，其意思是指在社会或政治中，持续不断的斗争会使最适合的人存活下来，因此希特勒鼓励他的部下以主动积极的态度来开拓自身的权力基础，如果他们是"最强大且最合适的人"的话就会成功。在1928年于库姆巴赫（Kulmbach）的一场演说中，希特勒告诉听众"斗争的想法就跟生命本身一样久远"，他接着说："在这场斗争当中，比较强大、比较有能力的人会获得胜利，而比较没有能力、比较衰弱的人就会失败。斗争是万物之父。"

因此，当古斯塔夫·塞佛特（Gustav Seifert）在1925年写信给纳粹党中央党部，要求重新任命汉诺威（Hanover）的党部主管后，他就收到如下的回应："希特勒先生原则上认为，'指派'党部主管并不是领导阶层的工作；希特勒先生现今更加确信，在国家社会主义运动中，最有力的斗士是通过本身的成就而为自己赢得尊敬，进而成为领导者的人。你在信中提到几乎所有的党员都服从你，那么为什么不干脆就主动接管党部主管的职权呢？你为什么不这样做呢？对年轻人来说还有什么比领导统御会更刺激呢？如果你不喜欢这样的话，改变它，不要来求我们下命令，如果你比敌人强大的话你就会胜利。"

如此的权力下放帮助产生了一种荒谬且唐突的论点，就是希特勒对大屠杀一事毫不知情。举例来说，1942年通过"最终解决方案"的万湖（Wannsee）会议是由莱因哈德·海德里希（Reinhard

Heydrich）[帝国安全局局长和摩拉维亚（Moravia）摄政] 主持，他身为希特勒的全权代表，与纳粹党早期希特勒的支配作风一致，不过到最后，元首总是对属下维持如钢铁般的紧密控制。

在个人生活方面，希特勒是个素食主义者，不抽烟也不喝酒，一位名叫泰奥多·莫瑞尔（Theodor Morell）的医生开给他许多"药方"，其中许多具有让他慢性中毒的效果。以希特勒和异性关系的观点来看，他看起来曾经只有过一段严肃看待的关系，而且牵涉到一些真正的情感。这段感情对象是他的侄女嘉莉·劳巴尔（Geli

↓图为希特勒的侄女嘉莉·劳巴尔，也很可能是他唯一的真爱。不过希特勒生性猜疑，嘉莉因而在1931年自杀。

Raubal），她在1929年时前来和"阿道夫叔叔"同居；1931年时，她被人发现用希特勒的手枪自杀，芳龄23岁。嘉莉的自杀对希特勒造成强烈冲击，并更加坚定了他面对女性时早已笨拙的态度：虽然希特勒喜欢调情，并且偶尔做些愚蠢的肉体挑逗，但他对女性并没有什么兴趣。然而希特勒和嘉莉之间的关系看起来不大一样，他过分地吃醋，并谨慎小心地控制她的行动和跟她见过面的人，她不管去哪里都有人陪伴，实际上跟犯人没两样。希特勒的政敌十分重视他虐待嘉莉肉体的推测，但关于此事从未有过确切的证据。

在《第三帝国兴亡史》（*The Rise and Fall of the Third Reich*）一书中，作者威廉·许瑞尔（William Shirer）暗示希特勒如受虐狂般的性欲可能会使嘉莉反感，但这也没有确凿的证据，不过的确是希特勒在精神上的虐待使嘉莉自寻短见。尽管希特勒对于嘉莉的死感到心灰意冷，甚至近乎歇斯底里，不过他旋即从她的自杀事件中恢复过来，并重返政坛，回到掌握权力的事务当中。在第三帝国的最后时日里，希特勒与他多年的红粉知己伊娃·布劳恩（Eva Braun）结婚，但她是十足的笨女人，在希特勒的生命中所扮演的角色就只是个美貌金发伴侣，绝对不会和元首

←图为伊娃・布劳恩。她是希特勒的情妇，待在他身边长达12年之久，两人于1945年4月结婚。一天后，苏军进入柏林，她和希特勒双双自杀。

唱反调。

最终，实在不能不同意历史学家休・崔佛-罗普（Hugh Trevor-Roper）对于希特勒的心智状态下的结论："他是个可怕的天才，他如岩石般的冷酷刚硬的气势慑人，然而从他犯下的各种妨害行为来看，又是卑劣到了极点。就像某种未开化的庞然大物，展现其巨人的气力和野蛮、原始的脑袋，被逐渐腐败的大批垃圾包围。老旧的铁罐、死掉的寄生虫、灰烬、蛋壳以及排泄物，简直是几世纪所累积下来的理智残渣。"

艾伦・布洛克（Alan Bullock）在他权威性著作《希特勒：暴政的研究》（*Hitler: A Study in Tyranny*）中也以同样郁闷的评价得出结论，强调希特勒对欧洲历史造成的深刻冲击："他（希特勒）不只是对德国也对欧洲的'制度'相当反感，也厌恶对他来说象征着在维也纳一度把他摒弃在外的自由主义中产阶层秩序。他的任务就是要摧毁它，并对此坚信不疑。在这一切当中，他的意图给人最深刻的感觉就是他不会失败。欧洲也许会再度兴起，但在法国大革命的1789年和希特勒发动战争的1939年之间的旧欧洲，已经永远地离我们而去了——欧洲历史上最后一个人物就是希特勒，他就是旧欧洲崩溃毁灭的缔造者。'如果你想找寻他的纪念碑，就看看四周吧！'（Si monumentum requiris, circumspice.）"

无论希特勒的人格多么狂妄自大，他并不是一个天降神兵。希特勒之所以能成功主宰德国，并一路带领德国走向毁灭，可以大大归咎于德国近代史，特别是德国国内的冲突与德国制度合理性的问题。

希特勒所统治的德国一直要到20世纪的最后25年才成为一个统一的国家，而且直到20世纪中叶为止，任何关于单——个德意志国家的言论都会被认为是荒谬的。就政治、宗教和社会而言，德国的状况与法国和英国比较起来，在19世纪末叶可说是有天壤之别，许多基础

制度无法遍及全国。举例来说，在宗教方面，德国是欧洲主要强权中既不是由天主教也非由新教支配的国家，因此巴伐利亚主要是天主教势力范围，普鲁士（Prussia）却不折不扣地奉行新教。这样的区域差异也出现在其他方面，比如说莱茵兰（Rheinland）比石勒苏益格-荷尔斯泰因（Schleswig-Holstein）自由等。

在19世纪末叶，这种宗教上的差异被一个强大的权威主义传统掩盖。在整个世纪中，普鲁士对丹麦、奥匈帝国和法国的军事胜利在幕后支撑着德意志的统一和扩张。从1833年开始，普鲁士和日耳曼诸

↓希特勒是煽动家，他擅长运用大量手势来加强演说效果。

小邦组织了一系列的关税同盟；1864年，它击败丹麦，吞并了石勒苏益格-荷尔斯泰因；1866年，奥匈帝国战败，被逐出由普鲁士主导、美因河（Main）以北日耳曼各邦所组成的北日耳曼邦联（North German Confederation）；之后在1870年，普鲁士击败法国，阿尔萨斯（Alsace）和洛林（Lorraine）两省被吞并，美因河以南的日耳曼各邦接着就加入了德意志帝国，这是一个崭新的政治实体，由普鲁士皇室出身的皇帝统治，首相则由奥托·冯·俾斯麦（Otto von Bismarck）担任。很明显地，这个新帝国拥有一部自由主义的宪法，权力掌握在由人民选出的议员手中，然而普鲁士邦有着权威主义的传统，从来没有议会政治的实际经验。

对外界来说，新的德国是一个现代化、朝气蓬勃的国家，人口和经济规模不断扩张。德国的人口在1880年为4500万，1900年为5600万，到了1914年则为7000万；人口增长后，随之而来的就是更快速的工业扩张。1910年，德国已有60%的人口住在都市地区，因此这样的改变在内部造成了巨大的社会问题。工业的爆炸性增长扰乱了传统生活方式，使得人们开始质疑政治制度。"就一个对自然环境和古老城镇用情

↑1934年纳粹在纽伦堡举行的集会，图中是希特勒（中）、海因里希·希姆莱（左，党卫军最高长官）和维克托·卢采（Victor Lutze，右，冲锋队队长）。

很深的民族而言，大得可怕且丑陋无比的城市突然破土而出着实令人感到痛苦；但德国人做事情也很彻底，到了1910年，德国境内的大城市几乎跟欧洲大陆上其余地方的大城市一样多。"［弗里兹·史特恩（Fritz Stern）：《文化绝望的政治》（The Politics of Culture Despair）］

同时与理想破灭关系密切的是大量日耳曼民族主义的反自由主义氛围。对于这些改变的典型反应，例如特别是在中产阶层之间的，是

↑图为战间期于德国举行的一场会议中，希特勒发挥他惊人的演说技巧。

the Fowler，876—963年）。

"民族"特征也被轻易地借用到种族主义中。如同大部分的欧洲国家，反犹主义在19世纪末期十分普遍，德国当局也不反对运用反犹主义来达到政治目的，例如在19世纪70年代，俾斯麦首相就曾利用一些与犹太人有所牵扯的金融丑闻来打击自由主义派政敌。

只是任何这些因素对希特勒的崛起掌权到底有多大重要性仍不无争议，然而我们都清楚，支撑德意志帝国合理性的问题具有长期重要性。在1914年至1930年的这一时期，一连串事件横扫了这个庞大、强而有力的日耳曼国家，造成灾难性的冲击，部分原因是因为这个国家最基本的制度依然不成熟且衰弱。第一次世界大战的血腥杀戮、1918年德国战败、君主政体的崩溃、革命运动、《凡尔赛条约》的冲击、20世纪20年代初期悲惨的通货膨胀、魏玛共和国统治期间民主制度遭遇的各项问题，还有最后的经济大萧条，所有的这一切都让德国社会瓦解崩裂的压力与日俱增，因此创造出一种可以让希特勒这类政治人物上台的气氛。

一种怀旧的神秘主义。人们回首倾听现代化之前的年代，回到日耳曼农民亲近土地的"通俗"社会［纳粹党之后会把"鲜血与土地"（Blut und Boden）这句口号用来作为传达反都市化、反工业化和反资本家教条的语言］。许多德国人开始回顾一千年前保卫日耳曼土地、对抗东方掠夺者的人，比如"狩猎者"亨利（Henry

第2章

没有希望的民族

20世纪20年代的德国

时常有人主张德国人在20世纪20年代的不满和愤怒源自不公正的战后和平解决方案，以及1919年签署的《凡尔赛条约》，但从事后来看，如果把《凡尔赛条约》拿来和德国对战败的罗马尼亚签订的《布加勒斯特条约》（*Treaty of Bucharest*），与1918年和俄罗斯的《布列斯特-立托夫斯克条约》（*Treaty of Brest Litovsk*）相比较，或是和如果德国人赢得战争胜利，他们为主宰欧洲而制定的计划，像是贝特曼·霍威格（Bethmann Hollweg）在1914年的"九月计

↓图为1921年，德国某地的工人防卫队义勇军正准备行动。

划"（September Programme）文件当中所陈述的相比，《凡尔赛条约》的"不公正"是一个很难被支撑的论点；不过若是仔细检视《凡尔赛条约》，就会发现德国为了发动并进行战争所要付出的赔偿并不是不合理的，这也是一个事实。对德国来说，它付得起这些获得同意的赔偿，但是德国人不愿意支付赔偿导致了一系列的妥协，最后在20世纪30年代希特勒撕毁《凡尔赛条约》时达到最高潮。

然而在当时，德国境内许多人的看法就是《凡尔赛条约》一点也不公平，在他们眼中，这是一个苛刻的"迦太基式和平"（Carthaginian Peace），意图永远压垮德国的力量。在英国有一些人，比如经济学家约翰·梅纳德·凯恩斯（John Maynard Keynes），他在许多书籍，例如1919年出版的《和平的经济后果》（*Economic Consequences of the Peace*）一书中支持这样的观点。凯恩斯认为这份条约并不过于严苛，而且他对于如果德国打赢战争后会出现什么样的和平有一套深思熟虑的想法。不过对一群试着勉强接受战败屈辱和经济大萧条的民众来说，惩罚性和平的想法立即流传开来。德国有许多人甚至质疑他们是否真的战败了，毕竟当战争在1918年11月结束时，德国尚未被占领，且战争结束时德国陆军已经从法国和比利时的前线井然有序地撤退，这就是之后纳粹党"暗箭"迷思的基础。这样的想法将会挑起另一场战争、另一次战败，并且使德

→图为1919年流产革命期间的德军士兵和水兵。这些炮手来自第一次世界大战后起义的苏维埃士兵与水兵。

国被英国、法国、美国和苏联占领，以证明德国彻彻底底的战败。

当第一次世界大战结束时，许多前线士兵无法面对战败的事实，包括来自奥地利的希特勒下士在内。"我们确实很纳闷。"战争老兵赫尔贝尔特·里希特（Herbert Richter）回忆，"因为我们一点都不感觉被打败了。前线的部队不认为自己被打败，而且我们非常想知道为什么休战会来得这么快，也想知道为什么必须在那么匆忙的状况下撤出阵地。我们仍站在敌人的领土上，这一切实在是太奇怪了。"里希特栩栩如生地回忆起他在战争结束时的感受："我们很愤怒，因为我们并未感到力量已经消耗殆尽。"

魏玛共和国

短命的魏玛共和国就是在这样战败且愤怒的气氛中诞生的。甚至在魏玛共和国宣告成立的同一时间，左派和右派的激进分子就蠢蠢欲动准备夺权。1919年2月，国民议会首度在魏玛召开，之所以不在柏林召开，是因为柏林充斥着1919年1月左翼的斯巴达克斯党（Spartacus）发动流产革命留下的景象。革命行动由卡尔·李卜克内希（Karl Liebknecht）和罗莎·卢森堡（Rosa Luxemburg）率领，结果受到志愿军（Freikorps）的无情

镇压，两人在镇压行动中双双被杀害。

德皇已经退位并逃往荷兰，协约国部队进入德国，并在莱茵兰建立永久占领区，德国的战俘没有被遣返，而英国海军仍持续在适当的地方进行封锁，这样的封锁持续到1919年，以阻止粮食运入德国，使德国人民挨饿，直到德方同意《凡尔赛条约》的解决方案。对德国人来说，所有这一切的困境都是魏玛共和国的罪过，虽然其宪法包含了许多民主要素，但部分人士认为魏玛共和国只不过是战败的私生子。魏玛共和国未能得到协约国的全力支持，又被国内的反对者攻击，只持续到1933年希特勒上台时为止；不过令人感到欣慰的是，魏玛共和国虽然短命，还是比希特勒的第三帝国活得久些。

志愿军

在20世纪20年代早期为了夺权而进行的斗争中，可以见到前线士兵组成右翼准军事组织"志愿军"对抗共产主义革命的威胁。志愿军艾尔哈特旅（Ehrhardt Brigade）的士兵们带来从他们在波罗的海（Baltic）地区战斗开始就一路使用至今的传统符号，他们把这个符号画在钢盔上，也就是"卐"。战斗在巴伐利亚邦首府慕尼黑格外激

烈，双方都想尽办法，希望能在一连串艰苦的巷战、暗杀敌对组织首领的行动中击败对方。1919年5月，亲共的左派政府被推翻，正规军在志愿军的协助下开进并残酷镇压了这个左派政府。军队和半军事组织武力联手进行的这次镇压，代表军队决定向巴伐利亚邦右派靠拢。1920年，柏林发生了一次右翼政变，被称为"卡普政变"（Kapp Putsch）。3月时，艾尔哈特旅为了抗议政府接受《凡尔赛条约》中要求解散该旅的条款，行军进入柏林，并任命一名右翼记者沃夫岗·卡普（Wolfgang Kapp）担任总理，不过在5天之后，一场由首都工人发动的大罢工终结了这次政变。虽然这次政变的失败标志着右翼力量对魏玛共和国的威胁结束了，却揭露出军方在保卫共和国时是多么的不可靠，因为他们袖手旁观。大部分德国百姓的心中已经被播下政治仇恨的种子，而之后会加入纳粹党的就是这些人。不满的退伍军人仍专心致力于摧毁他们憎恨的魏玛民主，还有"布尔什维克共和主义"（Bolshevik republicanism）。

在战争结束4年后，德国成为一个充满分歧且令人不满的国家，《凡尔赛条约》各条款的不合理要求使得事态雪上加霜。赔偿金的总额是66亿英镑，德国东部有大片领土被迫割让给波兰，魏玛共和国遵守条约的政策在德国并不受欢迎。

德国境内的法国占领军更是加深了德国人对于战争结果的愤怒。1923年，德国拖欠赔偿金，法国为了惩罚德国，便派军占领了莱茵兰的鲁尔（Ruhr）工业区。这次占领被德国人认为是羞辱，而被派去占领鲁尔区的法军部队的言行更是让德国人难以释怀，如同日后领导希特勒青年团（Hitler jugend）女性分支组织（即德意志女青年联盟）的尤塔·吕迪格（Jutta Rüdiger）回忆的："我们就是在那个时候发现法国人的铁腕统治，也许他们单纯地只是想要复仇，但我一点儿也不知道复仇到底是什么。"考虑到一旦纳粹党上台后的所作所为，也许是被出乎意料的讽刺触动，吕迪格得出结论："但是法国人具备一些不同的性格，不是吗？也许是有那么一点虐待狂吧！"

在鲁尔区，被法军占领的屈辱在德国民众中产生了一种焦虑感，而这种焦虑感可以满足类似纳粹党这类激进团体的需求。5岁的贝恩得·林（Bernd Linn）曾经目睹法军进入他居住的城镇，当时他身上穿着儿童尺寸的军服，手上拿了一把玩具枪"武装"自己，站在路边看着法军士兵行进。贝恩得·林后来回忆道："不久之后有个法国人走到我身旁，解除我的武器，很显然他的孩子也想要一把玩具枪，这让我非常伤心。"也许就是因为这样，当林长大之后，很不巧地就成为一位党卫军上校（Standartenführer）。

法国占领鲁尔区使德国人联合起来对抗共同的敌人。德国政府呼吁进行消极抵抗运动，而消极抵抗的范围就迅速从鲁尔区扩展到莱茵兰区域内其他的法国和比利时占领区。不久之后，当法国部队试图强迫德国人继续支付赔偿金时，这样的消极抵抗就成为不宣而战的状态，一方面德国人发动罢工、破坏和异议，另一方面法国人则施行逮捕、驱逐出境和经济封锁。

之后法军将非洲殖民地部队驻扎在德国，更加恶化了德国战败和被占领的屈辱，此举被认为是对德国人的蔑视，因为他们把这些部队视为"次等人种"。这些殖民地部队执行占领任务的结果，就是发生一连串殖民地部队官兵和当地妇女私通的事件，而当纳粹党上台之后，德国妇女私通法军所生下的混血儿就理所当然地成为纳粹种族仇恨政策的目标；甚至在魏玛共和国时代，这些所谓的"莱茵兰杂种"（Rheinlandbastarde，大约有500人）也遭到歧视。纳粹党掌权后，这些儿童就奉命前往当地卫生机关登记，一旦登记手续完成，他们就被强制绝育。

经济崩溃

当鲁尔区被占领时，德国的经济就崩溃了，最明显不过的征兆就

←图为1919年5月，一场抗议《凡尔赛条约》的示威经过阿德隆（Adlon）饭店，负责强制执行条约的盟国委员会就在该饭店内。

私人军团
——志愿军

1. 第一次世界大战后，志愿军在慕尼黑的一处射击场进行操练。

2. 在1920年"卡普政变"期间，艾尔哈特旅的志愿军部队准备行动，该旅的士兵从他们在波罗的海地区战斗时起便开始佩戴古老的带钩十字符号。

3. "卡普政变"期间的志愿军部队。志愿军是纳粹党冲锋队的前身。

4. 在柏林，艾尔哈特旅的部队搭乘卡车，准备以实际行动支援沃夫岗·卡普。卡车车身上漆有反向的"卐"字。

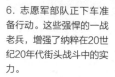

5. 20世纪30年代，曾于第一次世界大战中在德国殖民地作战的志愿军老兵出席纪念活动 。

6. 志愿军部队正下车准备行动。这些强悍的一战老兵，增强了纳粹在20世纪20年代街头战斗中的实力。

是高度通货膨胀，德国马克变得一文不值。艾密尔·克莱（Emil Klein）回忆道："有一次我买腊肠卷，却花了40亿马克。"他在1920年首次参加纳粹党集会，正是因为面临经济崩溃，一般老百姓才加入像纳粹党这样的极端政党。克莱又说："而且这样的崩溃自然而然地扶持了希特勒领导的运动，并使其苗壮成长，因为人们说'情况不能再这样下去了！'然后，需要一个强人的念头就这样慢慢地浮现，并且因为民主政治一事无成，需要强人的想法就愈来愈盛行。"随着通货膨胀一发不可收拾，马克变得一文不值，因为钞票的张数实在是太多了，员工们被迫用洗衣篮来盛装他们的薪水。在某个案例中，有个小偷把洗衣篮里的钱全倒出来，然后把洗衣篮偷走，因为

洗衣篮本身至少还有拿来换东西的价值。德国马克也迅速地贬值，原本其在1918年对美元的汇率是4∶1，到了1922年夏季时，1美元可兑换400马克，到了1923年年初已可兑换超过7000马克，在1923年至1924年的高通货膨胀率期间，魏玛共和国政府被迫印制令人难以置信的2000万和100亿马克面额钞票。

货币崩溃不只导致交易中止、商业破产、食物短缺和失业潮，也全面影响并触动每一位德国人，中产和劳动阶层得来不易的血汗钱在一夕之间化为乌有；同一时间，周薪的购买力几近于零，一般的德国人就算一直工作到累垮为止，也不可能为他们的家庭带来温饱。然而对许多德国人来说，这是纯理论的状况，因为他们根本连工作都没

→图为希特勒在纳粹党于提富尔特（Tiefurt）皇宫公园举行的集会中发表演说。纳粹有了这些早期的集会经验，上台后就能顺利举办经过仔细筹划的大型集会。

有。

20世纪20年代早期的通货膨胀是对魏玛共和国的另一次打击。如脱缰野马般的通货膨胀不只摧毁了金钱和资产本身，也毁灭了人们对金钱和资产价值的信任。人们现在愿意转向极端，而希特勒对所谓腐败、"受犹太人支配"的魏玛共和国体系的攻击，就这样在大部分德国人民的悲惨和绝望中找到一批追随者。

20世纪20年代时，在重要性日趋低落的德国，类似纳粹党这类的政党给许多人带来了自豪和归属感。"这实在很刺激，"纳粹党冲锋队队员沃夫岗·托依贝尔特（Wolfgang Teubert）回忆起："那里有着同僚之谊，每个人都是为了另一个人而存在，对一个年轻人来说这是很重要的事，至少在那个时候是这样。"而冲锋队队员的身份也给了像托依贝尔特这样的年轻人另一项重要性："我们在'卐'字旗之下迈步前进，穿越都市乡村，除了工作外，我们就把自己奉献给冲锋队。"在与反对派作战时，虽然惊险刺激，但也存在着不少危险，托依贝尔特再次说道："其他人会带来危险和威胁。夜复一夜，我们不但要愈来愈常保护我们城镇的集会，还要维护许多其他城镇集会的安全，以强化当地冲锋队的力量。我们手无寸铁，唯一能做的就是用拳头来保卫自己，虽然

只有在必要的时候才会用出拳痛殴敌人一顿，不过多半的时候都有必要！"对托依贝尔特和他的冲锋队同僚来说，共产党就是典型的反对派："在大厅中把椅子砸个稀烂，然后就随手抓条椅腿开始痛打对方，这样的状况屡见不鲜……双方都会这么做，谁也不比对方逊色。"

对许多人来说，德国1918年的战败记忆和随后而来的屈辱促使他们加入了纳粹党。布鲁诺·黑内尔（Bruno Höhnel）通过一个主张重返自然的"民间"团体候鸟协会（Wandervogel）加入纳粹党。1927年，黑内尔在一场于青年旅馆中举办的讨论会之后决定加入纳粹

↑图为柏林街道上的犹太人集会。德国在战间期遭遇的经济问题使得纳粹得以激起反犹主义，作为其种族政策的一部分，并寻找替罪羊。

↑图为20世纪20年代，纳粹党员发放面包。纳粹党总是小心翼翼地以失业者恩人的姿态现身。

党："有一场讨论会的主题是国际主义，会中提到要和黑人女性结婚才是重点，我对这种思想感到浑身不舒服。"此外就像许多德国人一样，黑内尔对于《凡尔赛条约》的解决方案和在1918年举手投降的"11月罪犯"十分愤怒，也极为厌恶像共产主义一样的国际运动："我们当中有许多人直截了当地说，'认清楚我们是德国人'，而现在有个团体说'德国优先'，他们大吼着'醒醒吧，德意志！'"

反犹主义

在像黑内尔这样的人决定入党的过程中，纳粹党反犹主义所扮演的角色并不重要："我依然记得那些经常被搬出来的说法，即柏林的医生有50%是犹太人，柏林的律师也有50%是犹太人，柏林和德国所有的媒体都被犹太人掌控，一定要把他们除掉。"然而尽管黑内尔默默地支持反犹主义，调和这种思想

在他的现实生活中却没有太大困难，他说："我亲戚当中就有犹太人，而且我常在家庭聚会中跟他们见面；我有两名堂兄是犹太人，我和他们俩的关系非常亲密，不过这并不能阻止我认同党所要求的其他事项。"

至少在刚开始的时候，有许多年轻人抵制纳粹党。对阿洛伊斯·菲勒（Alois Pfaller）来说，纳粹对反犹主义的说法促使他远离这个党："这是一种极端的反犹主义，要犹太人为每一件事负责的想法实在是非常奇怪。我认识犹太人，有犹太人朋友，花了许多时间和他们在一起，完全不明白有什么不一样的地方，毕竟我们都是人……我总是站在正义这一边，也就是公平和合理的事情，也会对抗不公不义，这都是我所关注的，而不是出于某种原因就迫害其他种族或其他人。"菲勒摒弃纳粹党，为了解决德国的隐忧，反过来支持另一种方案：德国共产党（Kommunistische Partei Deutschlands, KPD）。

大约从1925年开始，一直到1929年华尔街经济崩盘为止，德国的经济有所好转，这对纳粹党的命运造成戏剧性影响。这是大战以来失业人数首次降低至100万人以下，对希特勒的纳粹党来说是效益不佳的年代，因为较低层的中产阶级也就是支持希特勒的主力群众受

惠于德国经济复苏。经济改善有一部分是美国贷款的结果，其效益十分显著：在德国，艺术和知识生活兴旺了起来，柏林成为欧洲娱乐首都，希特勒因而被边缘化了。在1928年的大选中，3100万选民里只有81万人把票投给纳粹党，相当于总票数的2.6%，一点价值也没有。德国不再需要纳粹党，在纳粹急于发扬的这种弱肉强食、适者生存的达尔文世界当中，他们差不多要灭绝了。但是不久之后，华尔街在1929年"崩溃"，美国人收回他们给德国的贷款，而经济衰退就在世界各地如野火燎原般蔓延开来。

20世纪20年代中期魏玛共和国的短暂繁荣，就因为德国经济再一次崩溃而结束。失业率再度上升，纳粹党员布鲁诺·黑内尔回忆："在那段日子里，失业的同胞每个星期五都会在职业介绍所前大排长龙，在柜台可以拿到5马克。这是一个陌生且不同以往的现象，有许多人根本就没有钱买食物。"加入德国共产党的阿洛伊斯·菲勒还记得："那是一个没有希望的局面。人们在街上走来走去，口袋里放着一把汤匙，因为他们可以从街头慈善厨房用1马克买到一餐。"

此外，受苦的不只是劳动阶层，像尤塔·吕迪格这样的中产阶层家庭也遭到打击："我的父亲没有失业，但被告知必须同意调低薪水。"吕迪格念大学的机会就此破灭，直到一个叔叔出钱赞助。在德国，吕迪格的经历反映出中产阶层家庭必须勒紧裤带削减支出，才能勉强过日。在华尔街经济崩溃后，德国的失业人数增加至500多万。这还不包括那些虽然有工作但处于相当拮据状况的人，他们因而寻求激进的解决方式。

就是在这股低迷且不确定的气氛当中，纳粹党的命运改变了。在1930年9月的大选中，他们的得票率增加至18.3%；同一时间，德国共产党的得票率也超过13%。因为魏玛

↓图为德国共产党党员恩斯特·泰尔曼（Ernst Thälmann），他是纳粹的主要目标。国会大厦纵火案后，1933年他被关进集中营，1944年被处决。

↑图为1933年，约瑟夫·戈培尔博士在柏林投下神圣的一票。希特勒手下这位宣传天才的组织能力在20世纪20年代为纳粹党带来大量选票。

共和国看起来即将失败，因此德国人民转向了两个极端。在职业介绍所里，办理失业登记的时间就成为敌对派别间斗争的机会，菲勒还记得每个人在救济品发放办公室碰面的状况："不久之后争论就会开始，接下来免不了拳脚相向。"一名年轻的妇女嘉布里勒·温克乐（Gabriele Winckler）回忆起当她过马路时感觉多么不舒服："像是你一个人在林子里或这类地方的时候就会觉得不舒服，很多失业的人躺在沟渠里玩扑克牌。"

在这样的氛围下，希特勒成功了。尤塔·吕迪格第一次听到他的演说："现场人头攒动，你可以感觉到他致力于营造出激动人心的紧张气氛。今天我也许只能用人们曾经遭受的和正在遭受的贫困来解释……在那样的背景中，希特勒发表了声明，使得他看起来就像是救世主，他说：'我可以带领各位脱离悲惨的境地，但你们全都必须加入我们。'然后每一个人都明白他指的是什么。"

希特勒掌权

1929年后的经济大萧条给了希特勒机会，而希特勒是那种不会让机会平白溜走的人。就像大部分伟大的革命家一样，希特勒于艰苦的时代中崛起，再加上德国境内失业、饥饿和绝望大众的支持，纳粹在灵活的宣传帮助下，通过分化左派，并借由富裕德国工业家和保守派政治人物对他们的支持而开始攫取权力。1933年1月，希特勒这位从前贫困潦倒的奥地利人终于成为德国总理，而且是通过民主、遵循宪法的体制合法取得政权。举例来说，在1930年9月的大选中，纳粹党获得6371000张选票，取得107席国会席位；在1932年时，纳粹党获得13732779张选票，取得230席国会席位。虽然在11月的另外一次选举中，这个数目滑落到196席，但希特勒已有足够的席位可让他担任总理。1933年1月30日，希特勒在兴登堡（Hindenburg）的见证下宣誓就职，不过他不打算维系民主制度，还企图摧毁魏玛共和国留给后世的遗产，以自己一手创造的第三帝国取而代之。

至于纳粹党长久以来的对手，也就是德国共产党，对希特勒在1933年成功的消息反应迟钝。一名党员还记得："我本身所隶属的共产党派系对希特勒是否掌权根本毫不在意。非常好，因为他很快就会被证明根本无能为力，接下来就轮到我们了……因为一些特殊的理由，他们不了解他一旦上台就要修改法律。"许多人镇定地看着这场转变的发生。尤金·勒维内（Eugene Leviné）是一名犹太共产党员，他因为政治倾向而不是犹太人出身感到相当害怕，他还记得"有一些冲锋队队员有犹太人女朋友，因此很多德国人都会想：'噢，好吧，这还不会那么糟，他们因为有犹太人女朋友，所以不可能憎恨我们所有人。'"勒维内也认为纳粹党的行动会有所克制："在我就读的其中一所学校里，有位纳粹党员跟我说：'你应该成为我们一分子的。'我说：'看，我不行，我是犹太人。'然后他就会说：'我们不是指你，像你这样正派的家伙在新德国中绝对会平安无事。'"

对魏玛共和国的定论

虽然魏玛共和国取得了一些引人注目的成就，比如较为优越的公共卫生建设，以及提高对住宅政策的公共支出（在20世纪20年代末期建造了超过30万间住宅），却在德国国内拥有强大的敌人。共和国的政治基础受到德国精英机构和团体的攻击，举例来说，大部分的法官对于被带到他们面前的右翼分子都从轻量刑，比如希特勒；各大学

← 图为希特勒与德国总统保罗·冯·兴登堡（Paul von Hindenburg）。德国的统治精英希望控制希特勒，并利用他来粉碎革命力量。

→图为精心策划的纳粹党群众集会。每一场集会都要证明对希特勒和纳粹主义的支持。

是保守主义和精英主义的卫城（Citadel），而学校制度本身，甚至在魏玛共和国时期，均采用了充满民族主义与反民主情绪、美化战争的教科书，教师本身也倾向主张服从权力。

军方是对抗民主政治的强大卫城。例如魏玛防卫军（Reichswehr）的政治司司长库特·冯·施莱赫尔（Kurt von Schleicher）将军就相当支持重建军力，并十分友善地看待纳粹；此外，许多军方领导人相信，大众对于西方盟国的要求太过顺从。

从1919年的第一次选举开始，从来没有哪个单一政党能够获得明确的授权来支配制宪国民议会，因此要让民主程序运作的唯一方法就是组成联合内阁；不过到最后，魏玛共和国被《凡尔赛条约》的耻辱玷污，并被巨大的社会和经济问题妨碍，争取到的支持者太少，树立的敌人太多。

→需要高于意识形态。图为工作中的妇女：女性工厂作业员支持德国战争的努力。

第3章

纳粹经济奇迹

在纳粹的统治下，德国经济开始戏剧性地起飞。然而纳粹经济奇迹的持久性不无疑问，因为战争在1939年爆发，于是经济就跟着转向"整体战"体制，因此我们并不清楚纳粹是否能够支撑德国的复苏直到20世纪40年代，而同样不清楚的是谁领导20世纪30年代的经济复苏。希特勒忽视了内政的许多领域，当中包括经济，这可以经由被称为"为元首工作"的纳粹决策过程来解释。大部分政党均已仔细地全盘思考在其政党宣言中的经济政策，但纳粹党并非如此。希特勒想要让德国摆脱失业困境，并对德军部队进行再武装，但他却不太清楚到底该怎么做才能确切达成这些目标。因此为了实现目标，希特勒授权并放手让属下"为元首工作"，并达成他们所认为的希特勒的目标，20世纪30年代的德国经济复苏就是在如此的体系下产生的。

混合经济

20世纪30年代的纳粹经济是一种混合式经济，这样的经济只是最低限度的社会主义，因为大公司和私人企业在政府多重管道的控制下不受干扰。德国的经济在1933年之后还没有完全自由化，国家控制着关键生产领域，到最后纳粹产生了一种既不是社会主义也非资本主义的经济，从本质上来看，这是一种为战争做准备，但在和平时期运作的经济体制。

关于德国经济的未来，希特勒从未认真考虑通过提高生产力和与他国和平贸易的可能性。希特勒的目标看起来是要借由军事手段来取得位于东欧的"生存空间"

↓图为1938年5月，希特勒视察福斯汽车厂。

↑在第三帝国时期，工业的意象代表着力量和势不可挡的进步，就像这张钻孔的图片一样。

（Lebensraum），因此德国的经济需要为此一目的量身定做，即使事实上国家对每日生产的控制只维持在最低限度。希特勒将经济视为达到政治目标的手段，而且不会过度关心经济到底是什么样子。希特勒容许德国国内存在不同形式的经济结构，只要它们能为他生产武器装备来进行战争。抱持这种想法，纳粹乐于鼓励大公司，而在同一时间消灭没有效率的小企业，并让某些工业消失。这些政策看起来似乎相互矛盾，但如果能使产量增加以打一场可能的战争的话，纳粹当局乐意在意识形态上前后矛盾。

失业状态与哈亚马尔·沙赫特

当希特勒在1933年上台时，最紧迫的经济问题就是高失业率。纳粹党中站在社会主义这一边的人因而推动国有化和强化国家控制，然而希特勒并不打算解散将会对他的战争经济有所助益的大型工业企业集团，为了消除大公司的疑虑，希特勒将国家银行前总裁，同时也是杰出经济学家的哈亚马尔·沙赫特（Hjalmar Schacht）纳入执政团队，负责主持经济计划。纳粹经济理论有所不足，因此希特勒转向沙赫特，而他为了抗议赔偿金的偿还和转向纳粹，在1930年辞职。沙赫特大声地说道："我渴望一个伟大而强盛的德国，为了达成此一目的，我将与恶魔联手。"

1933年之后，沙赫特采用通货再膨胀的政策，为信用贷款提供资金；在进行通货再膨胀的同时，他对失业人口实施强制性的公共劳动计划。通过公共劳动计划的拨款超过10亿马克，例如建设高速公路系统，允许私人公司进行建设和更新，对工业集团和农业进行租税转让以扩大其规模等。如同历史学家泰勒（A.J.P. Taylor）主张的，这项政策在许多方面与罗斯福总统（F.D. Roosevelt）在美国对付经济大萧条时实施的"新政"（New Deal）相似。

这些政策在德国的效果既显著又直接，街上不再充满无所事事的人，失业率开始下降；失业人数从1932年1月600万人的高点一路往下降，直到1934年夏季的240万人。失业人口参与各式各样的方案，但没有哪一项如同建设高速公路一样成为德国国力恢复的明显象征。虽然魏玛共和国已经提出过建设高速公路系统的计划，但希特勒很快看出建筑计划的宣传价值。在希特勒的军备部长弗里兹·托特（Fritz Todt）的天才组织下，德国在1933年至1938年间总共修建了长达约3000千米的柏油铺面高速公路。纳粹配合惯用的宣传技巧，有目的地利用建筑计划，官方图片展示了数以千计的热心劳工正在建设"元首的道路"。这产生一种附带的效应，也就是暗示一个联合社群，在当中阶级和特权都要为更大的利益奉献牺牲。德国人民的感觉是生活再次安稳了，如同某位"一般"德国人大声说出的："我的太太和所有的女儿终于可以在夜晚穿越公园，不用再害怕被调戏了。"

对经历过这一段经济复苏时期的德国人来说，他们的记忆依然清晰。艾尔马·克兰茨（Erma Kranz）在当时还是个青少年，他记忆中纳粹统治的年代是"一丝希望……不只是对失业的人，对每一个人来说都是，因为我们备受压迫……我只能为自己说话……我认为那是一段美好的年代，我很喜欢。那时我们的生活虽不像今日这么富裕，但充满秩序与纪律"。这类公共劳动方案刺激了经济，他们提供工作机会，更特别的是协助德国汽车工业恢复生气。新建的高速公路不仅使人民重振斗志，更使得劳动阶层产生了机会平等意识，而当局在1938年宣布开放高速公路，

←图为国家银行总裁哈亚马尔·沙赫特（前排右起第二位）出席一场纳粹会议。他在第二次世界大战后成为埃及纳瑟（Nasser）上校的顾问。

人人都可以使用，更强化了这股日渐高昂的情绪。同时，一款新型汽车，也就是所谓的"国民车"（Volkswagen）离开了生产线，它是斐迪南·保时捷（Ferdinand Porsche）的心血结晶，总价为相当合理的990帝国马克，销售目标瞄准大众市场。它以这个价格出售，如此一来一般的德国家庭都负担得起。然而国民车的理想与现实却大大不同，虽然当局计划在1940年生产10万辆国民车，但到了那时，负责生产国民车的工厂已经改为生产军备了。

德国的企业一般说来乐于和新政权走在一起，因为纳粹粉碎了劳工组织和左翼革命，并恢复了"秩序"，因此德国的大企业被指望协助提供资金给纳粹党以作为回报；

1933年2月，大企业的总裁们和纳粹高层领导人召开会议后，就着手展开行动。希特勒以一段冗长的演讲作为开场白："私人企业在民主的时代不能继续维持，只有当人们对于权威和性格有着健全合理的认识时才可以想象……我们在世间拥有的一切财产都是上帝的选民奋斗的成果……我们绝对不能忘记，一切精神文化的利益一定要多少用点坚硬的拳头才能散播。"希特勒向所有在座的企业家们承诺他将会"歼灭"马克思主义，并对德军部队进行再武装，后者尤其对军火工业的企业家们有吸引力，比如克虏伯（Krupp）、联合钢铁（United Steel）和法本公司（I.G. Farben）等，此一承诺对他们来说有如大笔的契约；希特勒也答

→20世纪30年代纳粹建立德国的运输网。图为鲁道夫·赫斯在相机镁光灯前主持一条运河新延长段的启用仪式。

←图为希特勒视察德国最新的汽车科技。纳粹表达摧毁工会制度的意愿，使其受到德国工业家的支持。

应要终结民主政治，此一承诺得到企业家们热情的回应，因为他们就像希特勒一样不需要选举、民主政治和裁减军备。军火大王克虏伯从座位上跳了出来，对希特勒"为我们勾勒出一幅如此清晰的愿景"表达他的"感激之情"；希特勒的经济学家沙赫特接着就发动募捐，"我募得300万马克"，他在第二次世界大战后的纽伦堡（Nuremberg）大审中这么回忆到。

卡尔·冯·克劳塞维茨（Karl von Clausewitz）说得非常贴切："战争只不过是延续政策的另外一种手段。"对希特勒来说，克劳塞维茨的经典格言反过来说更恰当："政策只不过是延续战争的另外一种手段。"随着战争势在必行，而战争也的确是积极达成外交政策目标和重建德国威望的手段时，希特勒需要再武装。在刚开始时，大部分的再武装只是希特勒的雄辩辞令，但军备生产在1936年之后加快了脚步，并成为政府政策的核心；为了达成他再武装并扩张的目标，他需要强而有力的经济。

沙赫特的赤字开支不会自行解决失业问题，但大规模再武装政策与此并行，结果朝向充分就业稳健进展的目标却达成了。就在召开会议的三天之后，希特勒向德国军事首长们承诺他将会提高武装部队数目，并撕毁《凡尔赛条约》的限制性条款。希特勒的目标看起来是要征服东欧，"东进"（Drang nach Osten）并深入苏联。作为军事扩张的一环，希特勒希望德国具备自给自足的经济体系，也就是可以自我满足在原物料方面的需求。这一点相当困难，因为德国缺乏至关重要的物资储备，比如橡胶、铜、基本金属和石油等。为了解决这个问题，希特勒命令威廉·凯普勒（Wilhelm Keppler）担任他的经济事务特别顾问，深入研究发展替代合成物品以取代德国缺乏的原物料的可能性。凯普勒的组织立即开始发展人造橡胶、石油、油脂和金属的研究。最后这些研究获得了部分成功，例如由褐煤中制造出人造石油，这是褐煤汽油公司（Braunkohle Benzin A. G.）的技术成就，这在战争期间对德国的战争机器来说不可或缺。这股追求自给自足的欲望在数个领域协助刺激了德国的工业和研究。

赫尔曼·戈林

1936年，希特勒为经济战略和再武装准备了一份秘密备忘录，这份备忘录的结论是：德国必须在四年内做好准备以进行战争。由于希特勒对沙赫特的小心谨慎感到困扰，他便指派赫尔曼·戈林（Hermann Göring）担任新的四年计划主管，并赋予他极大权力，以使德国经济服务于准备战争的需求。在戈林的领导下，德国的工业被怂恿扩张至像是合成物品生产之类的领域，这对任何战争来说都至关重要。此计划在赫尔曼·戈林工厂（Hermann Göring Werke）建立的时候达到高潮，也就是设立工厂以开采德国中部的贫铁矿（当中75%为政府所有，然而私营部门被迫认购剩余的股份）。

戈林的政策受到一般德国民众的欢迎，却几乎使国家破产。尽管他对经济没什么了解，但还是全心全力投身于这个任务当中，因为他明白这个机会能够使他成为德国经济的独裁者。他一方面削减进口，另一方面也制定了薪资和物价控制的规则。1933年至1939年的公共支出达到1015亿马克，当中有60%用于再武装，但在同一段时间内，政府收入只有620亿马克。

结果沙赫特想出一套系统来掩饰剩余的赤字，这就是被称为"冶研兑换"（Mefo-wechsel）的国家信贷业务系统，依照一家被称为冶金研究有限公司（Metallurgische Forschungs GmbH）的假机构来命名。冶研兑换是一种机密的赤字财政政策，允许纳粹以赊账方式来偿付再武装所需的花费。希特勒对这套系统的技术层面没有太多了解，但对结果相当满意，德国陆军也因为他们获得许可扩充并取得《凡尔赛条约》禁止的新式装备而同样感到满意。四个主要的国防承包商花费10亿马克采用这套制度，此举使得政府承包商可以收到由国家银行贴现的冶研兑换付款。

1936年后，沙赫特与戈林在经济政策方面意见不合。沙赫特虽然支持再武装计划，却感觉德国的经济无法同时支持"大炮"和"黄油"政策，并认为强制实施永久的战时经济将会削弱德国国力；对沙赫特来说，德国的资源并不是无限的，不可能同时供应再武装和提高一般德国人民生活水准所需。另一方面，戈林则觉得可以实现自给自足的经济，将容许自给自足的德国创造出再武装与富裕的经济。1937年11月，沙赫特辞去经济部长的职务（不过他仍保留政务委员职位），继任者为华尔特·芬克（Walther Funk）。芬克这个人没有任何主见，他把经济部和戈林的办公室紧紧地绑在一起，而沙赫特的约束力就逐渐消失。此外，芬克也乐于自肥，他在战后被指控涉入掠夺被占领区域财富的罪行，并搜刮数百万被屠杀犹太人的黄金、珠宝和金钱中饱私囊。他是纽伦堡大审中被审判的22名主要战犯之一，某个讯问者形容他是一名"肥胖的同性恋，为糖尿病所苦，在此时此刻还受到膀胱疼痛的折磨"。他被判处无期徒刑，但在20年之后因为健康状况不佳的因素获得释放。

20世纪30年代经济政策的结果，简单来说大部分是成功的。到

1936年时，对一名人在阿姆斯特丹（Amsterdam）的中立观察家来说，简直可以出版一部名为《德国经济奇迹》的书。到了1939年，希特勒已进行大规模的再武装，并拥有被公认为全欧洲最佳的武装部队，同一时间他还保持着高消费者满意度、低失业率、低通胀和薪资稳定，而不论这个繁荣是否可以延续下去仍有争议。梅森（T.W. Mason）主张1939年时德国已在经济崩溃边缘，因为战争爆发而侥幸逃过一劫。

这些经济上的改变如何影响德国民众？纳粹的再武装政策对德国的大企业来说是很大的帮助，但对德国中产阶级来说就没那么大了。大企业不只得到有利可图的合约，而且不会受到任何工会运动的阻挠，因为纳粹已经粉碎了有组织的

← 图为纳粹的经济部长华尔特·芬克，他接替沙赫特成为国家银行总裁。

戈林
——纳粹的花花公子

1. 戈林年轻时的照片。他当时身材较瘦，且是一名战争英雄，佩戴多枚在第一次世界大战期间身为战斗机王牌飞行员时获颁的勋章。

2. 1935年身材发福的戈林与第二任妻子艾米·宋娜曼（Emmy Sonnemann）结婚，这场婚礼是第三帝国时代轰动社交圈的大事之一，因为其融合了基督教和纳粹的仪式。

3. 戈林在1935年1月时拍摄的照片，位于柏林的皇宫外。戈林极为喜爱艺术，并拥有庞大的收藏，当中有些是最名贵的作品，而这些作品当中有许多是在纳粹占领期间从欧洲其他国家偷来的。

4. 在狩猎季节展开时，戈林向仪仗队挥手答礼。他获得"帝国狩猎大师"的头衔，并且相当乐于接受。

5. 戈林在晚餐后发表演说。戈林是个美食家，他的身材在往后几年中不断发福。20世纪20年代他因接受吗啡治疗而染上毒瘾。

6. 1937年11月是绥靖主义的时期。坐在穿着体面的戈林身旁的是英国外交大臣哈里法克斯爵士（Lord Halifax）。

7. 戈林在一场晚餐派对中发送他的顶头上司希特勒的画像（许多德国女性认为他很有吸引力）。

8. 1934年，戈林在汉诺威附近一座森林里享受他的其中一项嗜好，也就是打猎。他就像流星一般，在武装部队、政治和经济等领域中迅速崛起，掌握权力：1935年任空军总司令，1936年成为四年计划的全权委员，1937年担任经济部长，1938年晋升元帅，1939年出任国防会议主席，并被指名为希特勒的继承人，最后希特勒在1940年将他晋升为史无前例的帝国大元帅（Reichsmarschall）。

→图为军备与弹药部部长弗里兹·托特博士。他在1942年坠机身亡，其职务由艾伯特·施佩尔接替。后者著有《第三帝国内幕》（*Inside the Third Reich*）一书。

劳工团体。另一方面，伴随着德国企业利益而来的，就是政府愈来愈频繁地侵入商业事务领域，纳粹中央当局现在会告诉企业应该要生产什么、要生产多少数量，利润、薪资水准和未来扩厂方案都由中央指定。当经济繁荣时，尽管大企业可以容忍这类的侵犯，但对小公司来说利益就没有那么明显。那些供应国防合约承包商的小公司获得了利益，但不为军火工业生产的小公司就没有从纳粹在20世纪30年代的经济政策中获得那么多。

然而许多企业都从没收犹太人企业和家产的"雅利安化"（Aryanization）计划中攫取好处，技巧熟练的工人们也从生产军备的繁荣中赚了不少钱。他们的技巧不可或缺，而纳粹也会保护独立工人的地位。德国的技工也迅速形

成由纳粹保证的职业阶层，由代表各种技工的同业工会团体构成。1933年11月，纳粹通过一项职业工会法案，内容指出技工们只有在雇主隶属于适当的协会、拥有资格证明且在政治上可靠的情况下才可作业。为了交换受到保护的就业环境，经验丰富的劳工都被紧紧地拉进纳粹国家机器中。新的协会结构在某个标准上类似中世纪的行会系统，不过当纳粹公务员在所有层面上监督这个系统时，便使这些同业工会屈从于严密的政治控制之下。

德意志劳动阵线

在纳粹主义支配下，德国的产业工人们生活得相当节俭。工人们失去罢工的权力和组织工会的能力，但失业率下降了，而许多德国人觉得考虑到就业率上升的结果，失去工会的保护是值得的。当时社会上对技术熟稔劳工的需求很大，特别是在军备产业中。此外，工人们也从新的社会计划当中获得好处，比如"欢乐力量旅行团"（Kraft durch Freude, KdF，原意为"通过乐趣获得力量"）。这些计划是由领导德意志劳动阵线（Deutsche Arbeitsfront, DAF）的罗贝尔特·赖伊（Robert Ley）为首，

他宣告："工人们，你们的体制对我们国家社会主义者来说是不可侵犯、无懈可击的。我本人是穷困农民家庭的儿子，早就知道个中滋味。我向你们发誓，我们不但会保留你们所拥有的一切，还会扩大工人们的权利，因为工人将进入一个崭新的国家社会主义国度，成为这个国度中平等且受到尊敬的成员。"赖伊是一个酒精中毒的自大狂，因此得到了"帝国酒鬼"的绰号，不过希特勒直到最后一刻都信任他，甚至在1945年4月时，还授予他根本不存在的阿道夫·希特勒志愿军（Freikorps Adolf Hitler）的指挥权。

赖伊的德意志劳动阵线是个规模庞大的劳动组织，于1933年5月由纳粹建立，取代了工会的地位。如同赖伊时常挂在嘴边的，德意志劳动阵线的目标是终结阶级斗争，所有的工人，不论是"白领"还是"蓝领"，都是属于德意志劳动阵线的一分子；为了代替罢工，新的体系呼吁工人们团结起来，同心协力为共同利益奋斗。德意志劳动阵线拥有超过2000万名会员、大笔的预算和庞大的财产。在"欢乐力量旅行团"之类的休闲组织以外，德意志劳动阵线为工人们提供了安全网，负责分配财务协助、安排工人的教育课程和稳定薪资，为国家的工人提供全面性服务。在1938年，有18万德国人曾乘船旅游，还有超过1000万人参与欢乐力量旅行团的其他活动。一个典型的欢乐力量旅行团一周假期，包括旅游支出、餐

←图为德意志劳动阵线的国社党领导人罗贝尔特·赖伊，他在1945年10月自杀。

饮、住宿和导游，前往摩泽尔河（Mosel）的旅游行程花费为43马克，前往上巴伐利亚的行程则为39马克，德国工人若想前往意大利度假两周，只要花费155马克便可成行，这些负担得起的假期旅游在宣传纳粹经济政策方面贡献卓著。为了使纳粹的劳工政策更具吸引力，德意志劳动阵线内甚至组成了"劳工之美"部门，它是一个集计划假期旅游、节日庆典、工厂庆祝会、民俗舞蹈和政治教育于一身的福利单位，与欢乐力量旅行团紧密合作。德意志劳动阵线最后成为说服工人们认同纳粹理想尝试的组织。

工人的独立

充分就业、福利条款和负担得起的假期旅游的代价，就是纳粹夺走了工人的独立性。工人们再也不能依靠工会，反而要寻求劳工管理人的协助来保护他们的利益。纳粹引入了新的安排，其中雇主和雇员在相互可接受目标的基础上为共同利益工作。这是一套封建式的系统，由信任协调会和荣誉劳工法庭来排解纷争，但这些法庭是由易听命于人的纳粹分子主持，一般来说他们被认为较偏袒雇主。

纳粹也对劳工选择职业进行限制，而劳工的自由运动也被限制。所有的工人都需要一本《职工劳动手册》（Arbeitsbuch）以确保就业，没有这本记载着资格细节和就业历史的工作手册的话，德国工人就没办法保有赚钱的工作。纳粹严密控制德国劳工，就像对德国社会其他领域发号施令的方式那样，年龄介于18岁至25岁的德国年轻人被迫要服长达6个月的劳动役，许多年轻的德国男性都十分畏惧服劳动役，特别是来自上层社会的人，因为在这6个月中，他们得和他们认为来自社

↓图为新建的高速公路在群山间蜿蜒曲折。德国兴建高速公路有助于缓和20世纪30年代初期的长期失业现象。

会下层的德国年轻人相处（直到1939年为止，女性都可选择志愿参与劳动役）。

在20世纪30年代的纳粹经济繁荣下，农业又呈现何种面貌呢？当纳粹在1933年上台时，德国的农业正处于危机状态。纳粹为了彻底扭转此一情势，确立了三项目标：首先是通过保护主义政策，在农业方面达到自给自足；其次是通过创造新的农民秩序来复兴农业；最后就是设立一个新组织来代表农民的需要。农业市场和价格由政府控制，土地所有权则由一部国家限定继承农业法来管理，其目的在于保护农民的负债，使其不至于因为破产而失去他们的田地；此外纳粹也以有利于单一继承人的方式来管制继承，并禁止出售继承而来的田地；政府也经由土地规划方案来奖励新的农场。

纳粹为农业制定的计划由理查德·华尔特·达瑞（Richard Walter Darré）指导。1933年4月，希特勒任命达瑞担任帝国农民领袖（Reichsbauernführer）与帝国粮食部部长（Reichsernährungsminister），他在1933年建立帝国粮食园区（Reich Food Estate）。虽然达瑞身为一名阿尔塔曼（Artaman）——一群年轻德国人成立的组织，他们相信回归土地的运动以及创造"种族纯净"的条顿（Teutonic）农民阶

↑图为汉堡港内德国航运繁荣的景象。虽然德国的国际贸易量在20世纪30年代时不断提高，但纳粹的经济政策却着重于自给自足。

级——的早期成员，可是大权在握的地位腐蚀了他；达瑞使出浑身解数，贪图巨额不法利益，终于在1942年时因涉入一件大规模黑市食品买卖案而被免职。

在达瑞以下，在国家、行政区及地方层级中充斥着各级农民领导人。达瑞推行的政策的结果并不完全令人感到满意，保护主义和自给自足政策的成果不理想，德国农业生产在许多领域出现了短缺状况。有些较小农场的主人从新政策当中获益，但拥有土地的大型庄园不会在小农场主间进行再分配，这意味着对新农民来说，可取得的土地很少，因此劳动人口从乡间流向都市

↓图为20世纪30年代末期，德国农民在田中收割农作物。战争在1939年爆发后，军方对人力的需求使得耕作活动由妇女和奴工接手。

↑图为纳粹农业与粮食领袖理查德·华尔特·达瑞（左）。他不但是党卫军种族与再安置事务处主管，同时也是一位种族主义、马克思主义和农业等领域的作家，著作颇丰。

是一个伟大的成功故事。

20世纪30年代纳粹经济的复苏降低了失业率，并带来就业及薪资稳定，恢复了声望，而欢乐力量旅行团的福利政策使得新政权对德国工人们来说具有魅力，许多德国人因而认为20世纪30年代是黄金年代。然而希特勒是为了满足他的政策目标，使德国经济为未来的战争进行准备，因此这些利益相当短命。当这场战争于1939年爆发时，将会造成德国崩溃，并摧毁德国经济；从事后来看，20世纪30年代德国工业的短暂收获，与20世纪40年代吞没德国的战争相比，是不成比例的。

的状况在整个20世纪30年代持续存在。到了1939年，德国农业人口流失至都市工业中的人数已达140万左右，这种状况造成了农业方面的劳力短缺，只能借由在夏季月份强迫德国年轻人下乡工作来满足需求。纳粹党统治下的德国农业并不

→图为希特勒青年团集会。纳粹想要将儿童转变为未来的军人和纳粹精英。

第4章

纳粹与青年

从一开始，纳粹就决心为了自己的目标颠覆德国年轻人的想法。他们竭尽全力吸收年轻人加入希特勒青年团和所谓的"人民共同体"（Volksgemeinschaft）。一般来说，青年群体通常容易得到非武装政策带来的好处，还有"元首国家"（Führerstaat）这种想法带来的利益。"元首国家"承诺终结20世纪20年代的暴力，并恢复德国的"光荣盛世"。

1936年之后才长成十来岁青少年的年轻群体，对希特勒上台前的日子没什么记忆，他们通过学校教育进入国家社会主义的领域。对这一群青少年来说，他们看起来没有任何选择。另一群十多岁的少年在第二次世界大战期间成为青年，他们经历了对年轻人来说最极端且残酷的国家社会主义形式，当中包括被征召进入防卫部队，或对某些人来说则是与党卫军第12师"希特勒青年团"师一起行动。这个精锐的党卫军师团不顾一切地狂热作战，并且在1944年诺曼底（Normandy）区域的战斗中几乎全军覆没。

年轻人通过希特勒青年团来认识纳粹主义，这是学校和家庭以外另一个替代性权威中心。希特勒青年团在20世纪30年代，随着时间的流逝愈来愈组织化，再加上官僚政治，其成员也就不断增加。然而对许多学童来说，生活在纳粹主义之

↓图为纳粹的典范：一名金发蓝眼的德国"雅利安"少女，绑了两根辫子，佩戴"卐"字徽章。

→ 图为在柯堡（Coburg）的一场庆祝仪式上，小女孩练习行纳粹举手礼。德国儿童从小开始就被教导要尊敬希特勒，并用"希特勒万岁"这句话和其他人打招呼。

下面临许多矛盾，以下摘录的文字显示出孩童们对于新体系有多么懵懂无知："我们班上没有人读过《我的奋斗》，我自己只是从书中找出问题。就整体而言，我们并不知道纳粹意识形态，甚至学校里出现反犹主义的机会也相当少。举个例子，经由理查德·华格纳（Richard Wagner）的论文《音乐中的犹太人》（The Jews in Music），以及在校外展示的《冲锋队队员》（Der Stürmer）的复制品，都使得我们充满疑问……不过我们受到政治性安排：要遵守命令，培养立正站好并说'遵命'的军人'美德'，并在'祖国'这个具有魔力的字眼被说出口，以及德国的荣耀和伟大被提及时要停止思考。"如同我们将会看到的，虽然有许多年轻人以适当方式加入像希特勒青年团这样的组织，但也有许多其他年轻人反对纳粹控制他们的生活。

到了1933年年底，所有其他的青年组织不是被禁止，就是被纳入希特勒青年团，唯一的例外是天主教团体，他们在纳粹与梵蒂冈（Vatican）之间的协议下得到些许的保护。被并入希特勒青年团的组织团体包括非政治性青年联盟组织和新教青年团体，因此到了1934年年初，希特勒青年团囊括了全德国10岁至14岁男孩的47%［参与德意志少年队

（Deutsches Jungvolk）］，以及14至18岁男孩的38%（参与希特勒青年团本身）；至于女孩们，数据虽然没有这么高，但依然给人留下深刻印象：10至14岁的女孩当中有15%的人加入少女队（Jugendmädelbund），而14至18岁年龄层的少女有8%参加德意志女青年联盟（Bund Deutscher Mädel, BdM）。

希特勒相信，第三帝国的生存要靠对年轻人的教育来维系，他宣称："我所追求的就是非常积极主动、具备领导能力、作风严酷的年轻人。年轻人必须对痛苦毫不在乎……我不会进行任何智力方面的训练。对我的年轻人来说，知识只不过是一种堕落而已。"依据这样的想法，希特勒青年团的男孩女孩组织都被置于帝国青年领袖巴度尔·冯·施拉赫（Baldur von Schirach）的中央统一指挥下（他在战争期间是维也纳的纳粹党党部主管，且由于他在维也纳针对外国工人的行政管理和对待犹太人的方式，在纽伦堡大审中被判处20年徒刑）。1935年9月的纽伦堡集会中，54000名希特勒青年团团员在现场接受希特勒检阅，希特勒在致辞的时候表示，要求下一代年轻人"如灰狗般迅捷、如皮革般强韧、如克虏伯的钢铁般坚硬"。

希特勒青年团的教育都经过严谨小心的管控。从同年3月15日开始，德国男孩只要年满10岁，就得在帝国青年总部注册登记，在对身家背景做过彻底详细的调查以确认种族纯度后，才会获准加入少年队。准许新队员加入的庆祝典礼在4月20日，也就是希特勒的生日当天举行。在少年队中的男孩子，也就是所谓的队员（Pimpf），均要接受入队考试，当中包括背诵纳粹信条、"霍斯特·威塞之歌"（Horst Wessel Song，这首纳粹歌曲是要纪念一位于街头与共产党员战斗时被杀害的冲锋队队员）的所

↓图为帝国青年领袖巴度尔·冯·施拉赫。他在20世纪20年代写诗讨好希特勒；1933年，他以26岁之龄被安排担任德国青年的领导人。

有歌词、在12秒内跑完60米，还要完成一天半的越野远足。少年队队员要学习旗语、铺设电话线并参与使用轻兵器的训练。如果通过考试，男孩在14岁时就会加入希特勒青年团；到了18岁时，希特勒青年团团员就会加入纳粹党，在19岁加入武装部队前还必须先服帝国劳动役，因此希特勒青年团为纳粹主义和兵役提供灌输、教导并塑造年轻男孩的途径。

为了增加希特勒青年团招募新人的数量，纳粹当局于1936年12月1日通过希特勒青年团法，目标为吸收所有德国年轻人加入希特勒青年团，而此一目标又得到纳粹以外的青年组织"志愿"加入而逐渐增长的"压力"的支持。1939年，两纸行政命令补充了1936年的法规，使"青年服务"成为义务，在第二次世界大战期间，希特勒青年团就为前线部队募集毛毯和衣物。纳粹独占了孩子们所有的空闲时间，父母们不敢反对，免得被认为是麻烦制造者；年轻人愈来愈常与他们的同侪生活在一起，最终放弃并远离了家庭。

属于女青年的德意志女青年联盟是采取和希特勒青年团相似的方式编组而成，同样被置于帝

↓图为1938年在一个青年活动场合上，希特勒举起手臂答礼。注意背景中的少女。纳粹观点认为女性的角色是在家中养育儿女。

国青年领袖的全面掌控之下，吸收年满10岁的女孩加入少女队。女孩团体依照军事组织方式编成，组织中最小的单位是少女小队（Mädelschaft），2到4个少女小队组成一个少女分队（Mädelschar），2到4个少女分队构成一个大队（Gruppe），而每5个群就组成一个团（Ring），5到6个团就组成一个小区队（Untergau），总共有648个，最后就是大区队（Obergau）。德意志女青年联盟里所有女孩无时无刻不被提醒，整个培养她们的任务，就是要使她们准备好成为"国家社会主义世界观的媒介"。身为德意志女青年联盟成员的少女们，将献

身于同窗之谊、服务与体能训练中，以成为优秀的德国母亲。如同希特勒在《我的奋斗》中概述的"女性教育的目标毫无疑问就是为了要培育未来之母"。在军队式的检阅中，她们穿着由海军蓝的裙子、白上衣、棕色夹克组成的制服，并且要把头发绑成两条辫子。当她们年满17岁时，德意志女青年联盟成员就有资格加入"信念与美丽"（Glaube und Schänheit）协会，她们将在那里接受家政训练，并准备结婚。信念与美丽协会的任务是培养17岁至21岁的年轻女性精神上及身体上的优雅风范，使她们成为纳粹女性概念的最佳证明。到了1936年，总计有超过200万名少

↑图为1932年，也就是希特勒成为德国领导人的前一年，一群参加在波茨坦（Potsdam）举行的纳粹集会的德意志女青年联盟成员，她们个个兴奋不已。

女加入德意志女青年联盟。

在德国的乡间和小城镇里，希特勒青年团首度给年轻人休闲活动和旅行的权利。假日旅游拓展了通常从未旅行过的乡下儿童的视野，给予他们机会与来自德国其他区域的年轻人接触。当纳粹在1933年对德国的控制开始愈来愈牢固时，这些青年运动的休闲成分也逐渐消失了，希特勒青年团成为另一个规模庞大的官僚体系。高层青年领导人的老化和清除因魏玛共和国而腐败的人物，使青年运动对年轻人的吸引力降低，因此希特勒青年团成为更加纪律化且政治化的青年运动。把所有年轻人拉进希特勒青年团的运动，也将之前借由不加入以反对整套构想的年轻人吸收进组织。这些新吸收的成员使得当局加强监视，青年每日的乐趣，像是与朋友会面等也愈来愈困难，甚至在某些状况下还是犯罪行为。希特勒青年团的巡逻队负责监控所有年轻人的活动，其成员比起他们所监视的年轻人大不了多少。随着战争脚步的逼近，希特勒青年团也将重点更加集中在训练，而不是原本吸引年轻人的休闲活动和运动上。

党卫军第12师"希特勒青年团"师

希特勒青年团灌输尚武美德的极致表现，就是在党卫军第12师"希特勒青年团"师服役。这个师在刚开始时是装甲掷弹兵师，并且及时改制成全装甲师，以赶上1944年6月诺曼底的战斗。党卫军第12师是一个独特的单位，由希特勒青年团团员组成，再经过党卫军第1师"亲卫队"（Leibstandarte）师（原本是希特勒的卫队）身经百战的士官和军官干部训练，赋予了该师意识形态上的热诚和绝佳的千锤百炼，使他们成为战斗中可怕且残酷的对手。

亲卫队师的士官和军官实施的训练十分逼真，使希特勒青年团师准备好面对战争的考验，他们使用的方法脱离一般传统，因而使他们具备在诺曼底压倒对手的优势。来自亲卫队师的训练教官都是东线战场上的老兵，他们避免一般的操练和检阅，偏好实际的战场训练：每一堂课和演习都有特定目的，受训学员似乎真的就在战场上接受考验。这是对所有党卫军士兵的标准训练，但对希特勒青年团师却是发挥到了极限，所以当这些年轻的装甲掷弹兵在1944年踏上战场时，他们已经习惯了战斗中的噪声和紧张，因为在训练场上早已经历过被实弹射击的考验了。的确，为了使士兵们能有效作战，一定比例的训练中死亡被认为是"正常"且必要的。战史学家马克斯·哈斯廷斯

（Max Hastings）回忆希特勒青年团师一位通信官是如何感觉到他们在希特勒青年团中接受了适当的训练，他们"有纪律感和秩序感……而且知道怎么唱歌"。该师男青年或男孩的青春朝气十分惹人注目，特别是在其他人通常会得到香烟配给的场合中，他们却得到巧克力糖。这些受到意识形态驱使、意志坚决、训练精良的装甲掷弹兵就驾驶着他们的战车，在1944年D日（D-Day）后的日子里，于卡昂（Caen）周围的乡间地带力抗来势汹汹的英军和加拿大军。

在希特勒青年团崛起期间，传统教育发生了什么事？毕竟德国长久以来是提供优质、现代化教育的典范。在第三帝国的12年国祚里，德国儿童的学校教育变得不那么纯理论了。希特勒相信谁掌握了儿童，谁就可以掌握未来，因此他对教育有一套非常明确的想法（也许是受到他在学校失败的影响）："我的教学会非常努力。他们的弱点会被剔除……当中绝对不能有任何弱点，也不会心软。我想要再一次在他们眼中看到自豪的光芒和肉食动物的独立。我不会有任何智力方面的训练，对我的年轻人来说，知识就是废物，我只会让他们学习激发想象力的东西，但他们有一件事情一定要学习，那就是自我控制。他们应该学习在最严酷的考验之中克服对死亡的

恐惧，这就是年轻人如英雄般的阶段，经过了这一切之后，就会出现有创造力的人，就是神人！"

对纳粹来说，教育是教化和体能发展。教育将教导孩子们种族的重要性，并使他们准备好参与战争。希特勒对教育的敌意通过纳粹上层统治集团慢慢渗入，公共启蒙与教育部部长约瑟夫·戈培尔宣称："年轻人属于我们，而我们不会把他们让给其他人。"一旦上台掌权，纳粹就着手展开从托儿所到大学的教育纳粹化。在纳粹统治下，德国儿童们在学校所读到的第一本书是识字读本，封面是一幅讽刺犹太人的漫画，有着如下的叙述："千万别在原野中相信狐狸！千万别相信犹太人发誓！"在读本中，孩子们会看到关于尚武生活的图画，旁边还有这样的说明文字：

"想要成为士兵的人，
必定要有一样武器，
然后装填火药，
再加上一颗好的弹头。

↓图为希特勒与德国男孩会面。希特勒对于感化德国儿童、使他们成为优秀纳粹党员的重要性心知肚明。

如克虏伯的
钢铁般坚硬
——希特勒青年团

1. 德军士兵教导男孩操作机枪。希特勒青年团是个高度军事化的组织，使德国青年准备好服兵役和作战。

2. 另一张强调纳粹青年战争本质的照片：他们在射击场中练习枪法。

3.一旦战争爆发，纳粹期待德国男孩能够扮演好他们的角色。如图，1943年时在德国本土，男孩们已准备好协助进行民防工作。

4. 在教官（佩挂铁十字勋章者）的督导下，这些希特勒青年团团员在野外用餐。

5. 战时的希特勒青年团：1944年时党卫军第12师"希特勒青年团"师投入作战行动。

6. 希特勒青年团团员会学到基本的军事技能，例如地图判读，使他们做好服兵役的准备。

7. 与希特勒青年团有关的每一件事都强调尚武精神和体能。如图，德国男孩正在练习行进。

小朋友们，如果你想要成为新兵的话，

一定要好好记得这首短歌哦！"

德国学校注重运动，并教授历史、生物和德语。生物和历史课程被扭曲以促进党的种族和国家远景，学生们学习1923年时的"啤酒馆政变"、共产主义的邪恶与魏玛共和国的堕落。甚至连数学都有了新的诠释，数学测验的内容牵涉到炮兵弹道和战斗机对轰炸机比例的算数及方程式。一个初级测验的典型题目如下："一架飞机为了轰炸210千米外的某地，以每小时240千米的速度飞行，若是轰炸的过程须费时7.5分钟，那么这架飞机预计在多久之后会返航？"

希特勒学校

希特勒也试图在希特勒青年团中进行教育工作，如此一来年轻人就可以接受完全的纳粹式教育，不会因受到任何自由主义教师的影响而腐败。希特勒为了训练未来的纳粹精英，也建立了"党校"。首先就是所谓的希特勒学校，年轻的见习生们在那里接受体能运动、种族主义和效忠希特勒的训练；其次就是国家政治训练研究院进行的教育，这种教育早期是在普鲁士的军

↓图为第二次世界大战爆发前，希特勒青年团团员在希特勒位于巴伐利亚阿尔卑斯山区贝希特斯加登（Berchtesgaden）的别墅前玩耍。

事学院中实施，着重于军人武德的培养；最后就是骑士团城堡（the Order Catle），致力于最高等级纳粹精英分子的训练，混合了体能活动和灌输纳粹主义的教育。所有这些教育改革的目标，就是要教化整个世代的德国年轻人，且要败坏并摧毁尽管与生俱来保守却以优良品质名闻世界的教育体系。

反对希特勒青年团

许多年轻人面对纳粹对生活愈来愈全面性的掌控，终于挺身而出反抗。到了20世纪30年代末期，许多人开始对希特勒青年团感到厌烦，并且在独立团体中找到更脱离传统的生活方式。当希特勒青年团的巡逻队和盖世太保的压力逐渐增强时，这些年轻人团体尽一切所能来保护他们的利益。到1942年，国家青年领导阶层被迫承认："派系的组成，例如希特勒青年团之外的年轻人团体，在战前特别是在战争期间即已增加，并且达到谈到年轻人的政治、道德和犯罪问题时不得不提的程度。"同样的例子是到1942年，纳粹已不再有借口年轻人因受到魏玛共和国或共产党的影响而堕落，因为这些年轻人已在不腐化堕落的国家社会主义中成长。

有两个团体在反对希特勒青年团的过程中表现特别出众："小

白花海盗"（Edelweisspiraten）和"摇摆青年"（Swing-Jugend）。"小白花海盗"于20世纪30年代末期首次出现在德国西部，他们的"制服"是别上高山雪绒花图案徽章的格子花纹衬衫，配上深色短裤与白袜。不久之后，许许多多的团体都自称为"小白花海盗"，像是埃森（Essen）的"流浪男孩"（Roving Dudes）、上豪森（Oberhausen）的"基特勒巴赫海盗"（Kittlebach Pirates）和科隆（Cologne）的"纳法优"（Navajos）等。在周末进行的乡间旅行中，这些团体会与希特勒青年团的巡逻队遭遇并战斗。由于这些所谓的"海盗"造成的惊慌，希特勒青年团与盖世太保将他们污名化为"无法无天的"青年联盟组织。"小白花海盗"的成员年龄在14至18岁之间，他们试图让绝大部分的生活脱离希特勒青年团。由于青年在18岁时会被征召服帝国劳动役，然后是武装部队，"小白花海盗"因此有吸收更年轻成员的迹象。随着战争在1939年爆发，希特勒青年团军事化的程度逐步升高，这些替代的团体就更具吸引力。希特勒青年团的教官又比他们训练的男孩子大不了几岁，所以希特勒青年团的成员资格就变得格外令人厌倦。

1941年时，一名负责训练年轻

人的成人注意到："每一个小孩子都知道'基特勒巴赫海盗'是哪些人，他们无所不在；他们的人数比希特勒青年团团员还要多，而且他们每一个人都互相认识，关系十分紧密……他们可以把巡逻队的人痛打一顿，因为他们的人数实在太多了。他们对任何事情都不认同，也不找工作来做。"这些成群结队的小伙子们有地域性，由数十名男孩和女孩组成，有女孩加入的事实从根本上将这些团体与奉行严格隔离规定的希特勒青年团及少女团体区别开来。就是在这

→图为纳粹少女在野外露营，她们会依照年龄分隔开来。如同男孩一样，以少女为对象的纳粹青年运动定有阶级制度，且高度军事化。

些"海盗团体"中，许多德国青少年有了第一次性经验，因为希特勒青年团对性压抑有着近乎执着的强烈依恋。

对这些"海盗们"来说，周末的乡间旅行是避免极权主义国家控制的一种方式。一旦远离了建筑物密布的都市地区，这些年轻人就可以逃离国家社会主义政府当局无孔不入的告发、刺探与惩罚。还有一部分年轻人会从事横跨整个德国的远足，这算得上是一种成就，特别是德国正处于战争之中，人民都受到严密控制。这些乡间旅行提供了高唱禁歌的机会，或是将现有纳粹歌曲的歌词加以改编，带来一种颠覆的感受。

不过当战争持续进行时，敌对派系的冲突，导致对这些团体活动的镇压行动又达到了白热化。1943年7月，纳粹党杜塞道夫-格拉芬堡（Düsseldorf-Grafenburg）党部在给盖世太保的报告中指出："回复：'小白花海盗'。这群年轻人又开始仗势欺人了。有人告诉我，特别是自从上一次杜塞道夫遭空袭以来，（在当地一座公园）聚众的年轻人变得比以往更加引人注意。这些人年龄在12至17岁之间，带着乐器和少女闲荡到深夜。由于这群乌合之众在希特勒青年团之外占了大多数，且

↓图为在柏林举行的一场集会中，受纳粹主义熏陶的德意志女青年联盟成员们行纳粹举手礼。其目标是使年轻人脱离原本的社会阶级，这样他们才能在纳粹主义中出人头地。

对组织采取一种敌视的态度，所以他们对其他年轻人来说代表着危险。最近已经证实在这些年轻人当中发现武装部队的人员，这些有义务在国防军（Wehrmacht）中服役的人表现出傲慢自大的行为，我们怀疑就是这群年轻人在阿尔腾堡街（Altenbergstrasse）的人行地下道墙上涂写'与希特勒一同毁灭'、'国防军最高统帅部（Oberkommando der Wehrmacht, OKW）在说谎'、'杀人勋章'、'与纳粹的残暴一起毁灭'等标语，而且只要把这些标语涂掉之后，常常没过几天就会被人重新写在墙上。"

为了反制这些造反举动，希特勒青年团和盖世太保就开始发挥纳粹国家的力量加以打压。他们发布个人警告令，逮捕年轻人并突袭可疑分子的住所，许多被逮捕的人全都被剃光头发公开羞辱。那些不愿意打消反对念头的人就会在周末被拘留、接受矫正教育、送去审判，甚至被送往青年集中营。数以千计的人被秘密警察拘捕。1942年12月7日，杜塞道夫当地的盖世太保一口气破获28个团体组织，成员共计有739个年轻人，其中包括"科隆小白花海盗"。"小白花海盗"的首领在1944年11月被公开处以绞刑，以防止其他年轻人群起效尤。

正当第三帝国对外战争崩溃的时候，对内镇压的政府机构却增加了。党卫军首领海因里希·希姆莱（Heinrich Himmler）

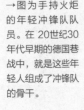

→图为手持火炬的年轻冲锋队队员。在20世纪30年代早期的德国巷战中，就是这些年轻人组成了冲锋队的骨干。

于1944年10月颁布了一道对抗青年帮派的命令，是官方长期以来一系列为了击败青年抗议运动尝试的最后一招。整体来说，纳粹当局对于要如何对待这些青年帮派感到困扰不已，他们需要这些德国年轻人上战场打仗，但因为这些帮派团体缺乏任何组织性架构，使得压制行动更加困难，所以国家的反制行动从要对方领情的态度，演变成极端的压迫。

至于"海盗"本身，他们看起来只是形形色色的年轻人混杂成一群，反对纳粹当局冀望他们的顺从。他们大部分人都满足于消极地反对纳粹，但有些人却采取更极端的行动，比如通过信箱投递盟军的宣传单，甚至加入有组织的抵抗运动团体。1942年在杜塞道夫，"小白花海盗"与德国共产党领导人威廉·克诺希耶尔（Wilhelm Knöchjel）接触后，随即就有一些"海盗"为德军逃兵、战俘、被压榨奴工和从集中营逃脱的人提供避难所，他们对仓库进行武装突袭行动以取得补给物资，甚至在1944年突击科隆的盖世太保总部。

许多中产阶层年轻人表明反纳粹立场的另外一种方式，是听爵士乐和穿英美服装。由于政府当局将爵士乐视为颓废的"黑人"音乐，因此跳吉鲁巴舞（jitterbug）就被当成向当局挑战的一种手段，年轻人借由音乐逃避受到纳粹欢迎的民

↑1939年战争的爆发，意味着劳力短缺，因为男人上前线作战了，此一情况迫使德意志女青年联盟的女孩登记进入工厂上班。图为德意志女青年联盟的女孩登记担任学徒。

族音乐歌谣。希特勒青年团对这种喜爱外国音乐的兴趣感到惊慌，1940年时一份针对"摇摆"音乐节的希特勒青年团内部报告则悲观地指出："这些舞曲音乐全都来自美国和英国，他们只跳摇摆舞和吉鲁巴舞。在舞厅入口处的一块注意事项告示牌上，'禁止摇摆舞'已经被换成'请跳摇摆舞'。所有的人随着音乐节拍起舞时，嘴里都唱着英文歌词，无一例外，整个通宵他们的确都试着只说英语，有几桌人甚至会说法语。舞者们流露出可怕的眼神，没有哪一对舞者在跳正常的舞，他们只跳最糟糕的摇摆舞。有时候两个男孩会一起和一个女孩跳舞，有时候几对舞者会围成一个圈圈，把手臂勾起来跳着、击掌，甚至会彼此用后脑勺相互摩擦。然后他们弯下腰，上半身松垮垮地垂下来，长头发拍打在他们的脸上，几乎是拖着上半身跪在地上绕来绕去。当乐团演奏伦巴舞曲时，舞者们都陷入狂野的兴奋当中，他们跳来跳去，含糊地用英语合唱。乐团所演奏的曲目愈来愈狂野，没有哪一位乐手是坐着的，他们全都在舞台上跳起吉鲁巴舞，简直像一群野兽。在这样的场合中时常可以看见男孩子们一起跳舞，他们会在嘴里叼着两根香烟，一边一根……"

当纳粹禁止这些公开的音乐节时，活动重点就转向私下、非正式的集会。如同"小白花海盗"，摇摆青年运动也是一种反对纳粹控制年轻人的手段，演奏敌人的音乐并随之起舞就是一种叛逆行为。甚至变得愈来愈随性且自发的舞蹈本身，也被视为是对希特勒青年团偏爱的、受到严格控制的日耳曼民族

↓参与青年运动也意味着有机会娱乐和旅行，至少在刚开始时是这样，乡间和海边的旅程十分受欢迎。

舞蹈的公然侮辱。国家在有能力的时候就会展开行动：1940年时在汉堡（Hamburg），有超过500名摇摆青年成员因为出席一个"摇摆"音乐节，而以堕落为由被逮捕。

与更偏向劳动阶层的"小白花海盗"比起来，"摇摆"的状况是中上阶层对纳粹的反应。他们有能力聚集在花费高昂的夜总会中，穿戴所费不赀的英美服饰，因为他们的双亲比较余裕。纳粹的报告着重在摇摆舞状况中的滥交本质。事实上，在纳粹对摇摆舞的报告中，内容较多与纳粹对性的偏执意念有关，而非年轻人实际牵涉到的行为；年轻人的自我吹嘘被纳粹间谍当成毫不夸张的实情，个别的单一

事件被膨胀成关于年轻人行为举止的一般理论。希姆莱对于摇摆舞的状况十分沮丧，他试图把此一运动的"元凶"送进集中营里，他们在那里会遭殴打、惩罚，并要接受强制劳动。

所有这些年轻人对纳粹的抗议行动显示，并非所有的德国年轻人都会加入希特勒青年团，而且把诺曼底的希特勒青年团师装甲掷弹兵拿来和其他德国年轻人对纳粹进行的非主流形式反对做比较非常值得。抗议相当不容易，而且可能会产生致命的后果，但以上叙述的第三帝国内部非主流反抗行为显示出，有相当多年轻人挺身而出，反对纳粹对年轻群体的控制。

↑ 图为纳粹的典范：两名金发年轻人，他将会成为第三帝国军队中的优秀军人，而她则会留在家里，培育未来的优秀纳粹党员。

第5章
妇女与第三帝国

希特勒深受作风完全保守的女性吸引，并尊敬她们，同时也对性关系既排斥又着迷，据说他本人没有性经验。他将理想的女性描述为"漂亮得让人想搂入怀里、天真无邪的小可爱——温柔、甜美的小笨蛋"。在第三帝国时期，希特勒高高在上、要人领情的态度在纳粹对妇女的政策当中完全表露无遗，妇女在纳粹的决策过程中没什么实质影响力，而她们的地位大部分也只是表面而已。在纳粹统治下的妇女运动，是由身为"帝国母亲"的盖尔特鲁德·修慈-克林科（Gertrud Scholtz-Klink）为首来领导，她对妇女解放的座右铭是"德国妇女再次联合起来！"

←←战时的人力需求意味着农耕工作得移交给住在乡下的妇女。

↓图为一名党卫军军官小心翼翼地与希特勒的情妇伊娃·布劳恩跳舞；希特勒本人不会下场跳舞。

盖尔特鲁德·修慈-克林科

1934年，修慈-克林科女士从国家社会主义妇女总会（Frauenschaft）的副领导人被擢升为国家社会主义妇女所有的女性领袖（Führerin）。修慈-克林科是一位有能力且充满干劲的工人，在很早的时候就投身于劳工组织。她的丈夫是一名冲锋队队员，在一场示威中因心脏病发作而过世，留下她和6个孩子，其中有

↓图为纳粹妇女领袖盖尔特鲁德·修慈-克林科女士。她使第三帝国的性别歧视以及妇女的舞台在家庭的信念具体化。

2个也不幸去世了，之后她嫁给了一位医生。就身体外观而言，她可说是理想的雅利安妇女样板：高大、金发，而且有能力养育孩童。从1934年起，表面上她要负责所有的妇女组织，这些组织包括妇女工作团（Frauenwerk，一个联邦妇女组织）、红十字会妇女联盟、德意志劳动阵线中的妇女联盟，以及妇女劳动役。妇女总会是负责协调第三帝国妇女组织的主干，而其他妇女团体，特别是具有民主或人道主义倾向的，全都被冠上马克思主义者、反家庭、不爱国或是赞成堕胎的罪名，接着就被勒令解散了。

不过在所有这些妇女组织的背后，却有着男性的权威和掌握。修慈-克林科被指望作风要和缓，并回避艰深的议题。希特勒坚持女性的主要任务是生育，他认为任何形式的女权运动或妇女解放都是神的诅咒，希望妇女在德国社会中扮演辅助的角色，认为她们的存在就是为了要抚育纳粹未来的下一代，因此纳粹大声喊出"孩子、教会、厨房"（Kinder, Kirche, Küche）的口号。"妇女的位置在家庭"这种想法并不新鲜，因为在魏玛共和国时代已经有人提出类似的想法，只不过纳粹将其付诸实行。纳粹统治集团积极地强调妇女的次等地位，在他们的心中，女性解放是堕落议会民主的另一项讯号。修慈-克林

科表示，在希特勒的德国，妇女的目标是："在民族的存续中，托付妇女执行的一项伟大任务，就是照料男人、灵魂、身体和心智；妇女的使命，就是在家庭里和职场上，照顾男人从生存的第一刻起直到最后一刻生命中的需求。她在婚姻中的天职是……男人的同志和帮手，有了女性才会完美，这就是妇女在新德国的权利。"

《纽约时报》（ *New York Times* ）特派员于1937年采访修慈-克林科，询问她对德国一步步走向战争的可能性："她先向'卍'字符号瞥了一眼，然后扫视了站在门口后方穿制服男子的黑色靴子，接着她迅速地转过身，不希望她眼中的泪珠被人瞧见。'我也有儿子。'她平静地说。她的双眼就跟许多其他德国母亲一样伤心，她们一清二楚，都知道帝国劳动役的格言说得很坦白，儿子们必须'顽强地战斗，微笑地死去'。"在战后，修慈-克林科躲避盟军追缉达3年之久，却在1948年被宣告无罪。

母亲们

对纳粹来说，妇女是主要的生产单位，为第三帝国制造士兵和纳粹分子，但纳粹没有把如此粗野的想法公布出来，反而勾勒出一幅德国妇女达到目标的美好

意象，纳粹艺术描绘了妇女身处家庭环境中的传统图像。在纳粹的观点中，男人、妇女和儿童在家庭中全都要服膺指定的角色，根据这种想法，无数的海报印上了打扮得光鲜美丽的金发儿童与他们慈爱的雅利安父母其乐融融的图案。纳粹统治集团决心提高在20世纪30年代里逐渐下滑的出生率（法国政府在战间期也鼓励法国妇女多多生育，以便与人口较多的德国匹敌）。

为了使德国妇女拥有更多的婴儿，国家方面并不鼓励两性机会平等，因为这可能会导致妇女选择不当全职母亲，德国妇女也丧失堕胎

↓生下未来的军人：图为一名妇女正在为婴儿做体操。婴儿在未来会加入德国武装部队。

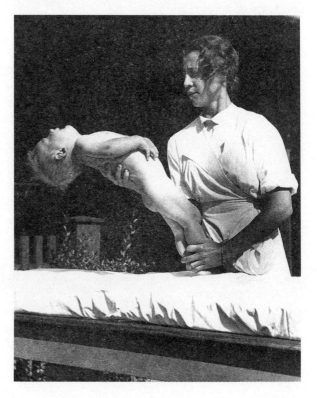

和避孕的权利，同性恋和卖淫行为也在同一时间遭到打压。在比较正面的做法上，纳粹向妇女提供一系列奖励措施，包括结婚贷款、儿童津贴和丰厚的家庭补助金，使她们愿意维持一个较大的家庭，但这些奖励措施并非人人都有，只有"基因健康"妇女的贷款才会获得批准；那些不符合标准的人不但无法取得补助，而且依照一条在1933年7月14日通过的法律，如果她们有或是被认为有遗传方面的疾病，就会被强迫绝育。

面对这些甜言蜜语诱惑而不为所动的妇女或夫妻，就会被归类为"堕落者"或"西方人"。

在整个德国境内，纳粹当局举办各种展览活动来颂扬家庭的种种优点，杰出的德国人，比如巴哈（J.S. Bach），就因为他的大家庭而备受赞美，而成语"子孙满堂"（Kindersegen）人们也是朗朗上口。伴随重视儿童的是，纳粹对母亲们发动了狂热崇拜，希特勒母亲的生日，即8月12日，就变成一个属于母亲的节日，最会生儿育女的母亲就会在当天获得特殊奖励。其中一种"荣誉十字"奖章分成三级，专门用来颁给拥有大家庭的母亲，拥有5个小孩可获得铜章，拥有超过6个小孩可获得银章，而拥有超过8个小孩的母亲可获领金

↓对妇女而言纳粹主义实用的一面：这是一套鞋子交换计划，成长中的孩子可以用他的鞋子换一双尺寸较大的二手鞋子。

↑图为德国红十字会的护士，她们两人都佩戴二级铁十字勋章。在第二次世界大战期间，许多妇女以医疗人员的身份在前线或靠近前线的地方服务。

章。不过并不是所有的母亲都有兴趣当婴儿工厂，有一份1934年出版的报告指出："然而那些在适合女性本质与性情的职业类别基础上，女性就业典范的重组与再建立，也就是国家寻求的女性劳动市场改变的基本目标，正遭遇在现今世代妇女的个人态度中，而不是在客观的经济动机中生根的阻碍。"

在纳粹为妇女和家庭建立的表象底下，其实藏有一个更阴险的现实。纳粹将妇女视为创造更多士兵与纳粹公务人员的手段，如同我们在第四章所读到的，纳粹企图以希特勒青年团这类组织诱使年轻人抛弃他们的家庭；虽然生育婴儿时需要妇女，不过一旦他们被生下来，纳粹国家机器就会强力介入家庭以取得控制权，此举篡夺了家庭作为保护儿童免于国家魔掌侵犯的传统观念。就像所有的极权政府一样，纳粹痛恨家庭的独立性，以及其所代表的公民权利替代性来源的事实。此一欧威尔（Orwell）式的"老大哥"（Big Brother）极权主义行径，试图以一种全新的代理关系来取代生物纽带；如果有必要，国家会通过使成员相互对立的手段来分化家庭，一旦他们年龄够大了，官方就鼓励孩子们向盖世太保告发他们的父母。因为纳粹掌权的时间还不够久，而家庭在德国是相当强而有力的个体，这个毁灭性的趋势最终还是失败了。

约瑟夫·戈培尔的夫人可奉为德国妇女的楷模。玛格达·戈培尔（Magda Göbbels）身材修长，拥有一头金发，并且生了6个孩子，她是一个理想的宣传形象。她的丈夫据此来谈论妇女："妇女的使命就是打扮漂亮，并负责把孩子带到这个世界上，这种想法一点也不会像乍听之下那样的粗野和古板。母鸟为自己的配偶打扮得漂漂亮亮，并为它孵蛋；而公鸟负责收集食物、警戒并抵挡敌人。"戈培尔因喜爱拈花惹草而臭名昭彰，并总是为了情妇的问题和戈培尔夫人吵架，所以经常劳驾希特勒来排解纠纷，他告诫戈培尔要注意自己的行为，在纳粹的妇女理念中暗示了某种层次的伪善。由于口红和化妆品被认为不自然，人们并不指望妇女把自己弄得太漂亮，在魏玛共和国时代，妆化得太浓的妇女容易让人以为是一个堕落的女人，那种严格来说算不上是"德国人"的人，因此纳粹总是把气色好、充满自然美的雅利安妇女拿来和其他欧洲国家浓妆艳抹的妇女做比较。不过许多纳粹大员都有情妇，实际行为和他们宣传的道德规范仍有一段距离。

↓图为为了第三帝国，德国女孩们专心地缝纫。虽然纳粹主义强调家庭才是妇女的领域，但德国妇女不可避免地得投入战争工作。

显然这些所谓的妇女典范有一部分是宣传手段，另一部分则是"一般"德国人期望拥护的价值。

1936年，希特勒对妇女总会发表一项演说，当中概述了新的妇女政策，他宣告："如果今天有一位女法官完成了许多业务，隔壁则住了一位母亲和五六个或七个小孩，他们十分健康，教养也很好，那么我就会说，从人类永恒价值的观点来看，生儿育女并把他们抚养长大，并回报人类未来生活的妇女，她们完成了更多，也做得更多。"既然希特勒本人都已经表达这样的想法，那么妇女被排除在与法律有关的专业之外就一点也不会让人惊讶了，而把妇女排除在其他传统上由男性主导的行业之外的努力也正在进行，比如医疗和教学等。基于"因为她们只会受情感支配，所以无法进行逻辑思考或是客观推论"这类的理由，妇女甚至遭限制不得参与陪审团。对政治有兴趣的妇女，甚至是那些在纳粹中活跃的人，可以让她们发挥天资和热忱的机会很少，国家社会主义根本可以说是男人的事。

双重标准

在纳粹统治集团内部，妇女们为纳粹所表现出恩人般的傲慢态度所苦。玛格达·戈培尔不情愿地忍受丈夫的不贞；马丁·波尔曼（Martin Bormann）的妻子盖尔达（Gerda）则是接受她丈夫的坦白，也就是他与女演员曼雅·贝伦斯（Manja Behrens）通奸，并高调地求婚。波尔曼夫人对女人附属于男人的新秩序十分宽容，她建议与贝伦斯合组一个三角家庭，在这个情况下可以生出更多孩子。波尔曼夫人的观点是，贝伦斯在人种方面实在是太纯净、太有价值，因此应该生育小孩，所以她向丈夫建议："你当然可以和曼雅在一起，但是一定要好好关照她，今年让曼

↓图为玛格达·戈培尔女士。她和犹太人前夫离婚，对喜欢拈花惹草的跛脚丈夫来说是位尽责的妻子，容忍他多次外遇。

雅生小孩，下一年再轮到我有小孩，这样一来你身边就一定会有一个保持好身材的女人。"盖尔达的建议，和农业中的轮作如出一辙。

与纳粹主义有关的每一件事都强调男性优势。男人为国家民族而战，并守护其价值；对家庭来说，父亲就像是国王，通过神授的君权进行统治，其余成员都必须无条件接受他的治理。妇女拥有任何权力的唯一场所就是家庭，人们期待妇女打理好家务，男人就可以在工作之后回到家里。父亲是负担生计的人，妇女则是持家的人，此一秩序的维持还可以加上儿童，在当中女孩应该以母亲为模范，而男孩则应为服务国家的成人生活做准备。

在国家宣传的压力下，许多妇女向孩子反复灌输国家社会主义价值观，并努力地扮演好被赋予的角色。许多妇女投票给希特勒，带着崇拜眼神的支持者蜂拥而来向他致敬的画面，证明了希特勒在妇女间受到欢迎的程度。许多妇女就跟男人一样，被1933年后纳粹新秩序的标语和承诺欺骗。1981年，上了年纪的修慈-克林科接受访问时，证实了她在20世纪30年代抱持的纳粹观点。她在20世纪20年代和30年代曾经接受的纳粹路线，在第三帝国毁灭后很长一段时间内力量依然强大；对她来说，20世纪30年代的纳粹主义，由于纳粹高层人士的言行举止就像完美无瑕的绅士，曾为女性制造出"一个快乐的家庭"。有人怀疑这种想法是在渴望失业状态结束并重建强大第三帝国的人中普遍散播开来。

妇女与再武装

纳粹面临的其中一个问题就是对工厂工人的需求。由于再武装，特别是战争在1939年爆发，需要妇女来维持工业生产，不过此一需要女性劳工的状况与纳粹主张妇女应该安分守己待在家里的政策大相径庭。1936年之后，再武装的规模大幅扩张，引发了劳力短缺问题；到了1938年年底，德国的职业介绍所共有高达100万个职缺，没有孩子的妇女，或是孩子已经长大的妇女，很明显是可以满足此一短缺状况的劳力来源。纳粹警觉到劳力短缺使得男性劳工薪水高、环境好的优势逐渐减少。

由于面临劳力短缺，纳粹制定措施以鼓励一些妇女进入职场领域，然而此一务实的做法与纳粹将妇女束缚在家庭中的政策背道而驰，因此这些动员妇女的努力是三心二意、迟疑且不太成功的。在雇用女性的工厂内提供医疗设施、休息室和育婴中心方面有一些进展，不过纳粹仍对妇女传播一种保护性优势的态度，比如工厂经理认为女

←图为在1943年的一次盟军空袭之后，一名德意志女青年联盟的少女帮助被炸得无家可归的德国家庭准备食物。

性较虚弱、容易受伤、需要特别注意。到最后，这种向妇女展现的恩赐态度强化了（而非挑战）传统的妇女典范。到了1939年，从事有薪水工作的妇女人数，从1150万人（1925年和1933年）上升至1270万人，上升了37%左右，在战争前期此一数字又上升到38%，然而妇女在德国军备生产当中所占的比例，仍低于第一次世界大战时的水准。相较之下，在其他国家，像是英国和美国，再武装和战争产生了大量雇用妇女的状况；在德国，由于纳粹不太愿意鼓励这样的转变，因此德国工厂便在战争期间雇用从被占领的欧洲国家强征的奴工，多多少少解决了一部分劳力短缺的问题。这种奴工由于心怀不满、伙食差劲和遭到严酷虐待，因此生产力十分低下，这一点都不让人惊讶（当局还制定严苛的往来规定，以防止他们和当地德国妇女私通）。这种不愿意大量雇用妇女的心态，是导致德国在1945年战败的因素之一。

妇女在乡间

即使纳粹强调传统的家庭价值，然而在乡间，女孩们受到的教育仍是为家庭生活做准备。纳粹为

妇女的生活带来一些改变，他们引导农村妇女进入更宽广的世界中，建立个别的妇女组织，并且为女孩们引入了某种形式的国家服务。这些由国家营运管理的团体，允许妇女到村庄范围以外的地方四处旅行，并让她们和来自其他村落的妇女接触，此一机制也允许妇女与来自其他地区的男性交流，并打破村内通婚的形态。

纳粹统治的现实

然而当纳粹主义为乡间的妇女带来部分解放时，新政权也做出了要求。随着第三帝国一步步迈向战争之路，当局期待妇女扮演好她们的角色，当男人加入武

→由于男人加入武装部队，部分妇女被迫到工厂上班。如图，妇女们正在进行弹药生产过程中的关键作业。

← 纳粹计划在 1933年后的四年内使80万名妇女离开职场，但到了战争结束时却有数以千计的妇女在产业界工作。

装部队时，她们被迫结合角色并填补人力缺口，因此妇女要承担管理农场的责任（只有马场主人不必加入武装部队服役，因为德国陆军需要使用马匹），有些妇女甚至加入市镇中的工业生产体系。举例来说，1934年之前在赫塞（Hesse）的柯尔勒（Körle）村，离开学校的女孩没有一位取得学徒身份，或是接受职业训练；1935年之后，有愈来愈多的女孩接受训练，并进入职场。战争在1942年后开始变得对德国不利，进入工厂工作的农村妇女与战俘和奴工一同工作时，她们就承受了军事化经济的所有困苦。

尽管纳粹主义有着爱护女性和妇女美德的表面，但那些无法乖乖遵守规定，或是被认为在千年永固的第三帝国内没有一席之地的人，

就会发现自己被关进集中营里。首座专为妇女设立的集中营于1933年10月在摩林根（Moringen）开始运作，犹太人、耶和华见证人教派信徒（Jehovahs Witnesses）、社会主义分子、共产党员、从种族观点来看体格不佳者和其他被纳粹归类为"不适应环境"的妇女都会被送来这里。到了1938年，被送来的人愈来愈多，摩林根妇女集中营无法处理，因此萨克森（Saxony）的李希腾堡（Lichtenburg）集中营就成为第二座妇女集中营，接着下一座集中营于1939年5月在梅克伦堡（Mecklenburg）的拉芬斯布吕克（Ravensbrück）设立。刚开始兴建这座集中营的目标是收容6000名囚犯，但到1944年时数量就增为两倍。纳粹曾在该集中营进行医学实验，总计有92700人因此丧命。

第6章
纳粹统治下的日常生活

就大部分德国人而言，对于20世纪30年代的记忆不是恐怖、谋杀和镇压，而是秩序、平静、就业和繁荣，因此在1951年时，德意志联邦共和国（Federal Republic of Germany）国内被问到对20世纪30年代看法的人，有将近一半把1933年至1939年的这一段时间形容为德国最美好的年代。1949年时由德国舆论研究中心（German Public Opinion Institute）进行的一项调查，可说是总结了其多次调查得到的发现："保证有薪水、秩序、欢乐力量旅行团（纳粹的休闲娱乐组织），还有平顺运作的政治体制……因此'国家社会主义'使他们只会去思考工作、适当的滋养、欢乐力量旅行团和政治生活不再陷

入混乱。"

对许多一般德国人来说，纳粹在20世纪20年代的骚乱后带来了一段时期的平静。一名克虏伯的装配工人恩斯特·布隆贝尔格（Ernst Bromberg）比较了20世纪20年代的纷扰和纳粹上台之后出现的平静。20世纪20年代的生活十分艰苦，由于缺乏工作机会，他在1927年至1932年之间被克虏伯公司暂时解雇五次。国家社会主义统治时期因就业状况备受注目，布隆贝尔格也能疏远纳粹的控制："多亏了劳动阵线，当你忙着轮班工作的时候，根本就没空去参加（政治活动）。之后，我的天啊，没错，人们是有点反抗它，但它就只是继续，你知道的！没错，很明显地，如果你有工作可以做的话，你根本不会有时间发表长篇大论，早上当你必须起床的时候就会起床，你不会把休息时间拉太长，毕竟金钱是很吸引人的⋯⋯可以那样说，除了我对劳动阵线的贡献之外，我再也不担心纳粹了。我就是跟纳粹没有任何关系，你知道的，而且无论如何我整个星期都在参与新教教会的活动⋯⋯"对布隆贝尔格和许多德国人来说，这是一个经济繁荣的大好时期。他热爱参与新教教会唱诗班的活动，显示出还是有德国人试着找出可以使他们远离纳粹主义的

↓对一些人来说，生活中充满痛苦折磨，比如20世纪30年代被强迫劳动的达豪集中营囚犯。这段时间内，囚犯们在集中营内经历了从严厉到最极端残忍的生活条件。

←纳粹给群众提供物质上的好处来抚慰他们，比如规律的假期。"欢乐力量旅行团"休闲组织经营各种优惠旅游行程。

兴趣。对他来说，从1933年开始至战争初期的年代，是一段平静的时期。此一和平阶段的核心是长期的经济繁荣。

对许多德国人来说，日常生活中值得注意的不只是经济起飞，还有纳粹党欢乐力量旅行团的假日休闲运动，它第一次使一般德国人可以度过一个适合的假期。德国人到波罗的海海岸，甚至到国外，都是庞大假期组织行程的一部分。这些"套装假期"给了德国人先前无法享受到的休闲乐趣。在纳粹统治下，德国人能够好好度个长达一或两星期的假期，与短期的脚踏车假期不同。欢乐力量旅行团最初是模仿意大利法西斯一个依照类似路线经营的组织而建立，其目标是激励工人士气，而欢乐力量旅行团则是要刺激德国劳工，以更加提高生产力。欢乐力量旅行团的假日游客常搭乘豪华游轮航行四海，并且乘火车至阿尔卑斯山（Alps）、威尼斯（Venice）、那不勒斯（Naples）和里斯本（Lisbon）旅游，而挪威（Norway）也是欢乐力量旅行团旅程中倍受喜爱的目的地。

这些旅游受到劳工欢迎，也为农村旅馆的老板和国有铁路（Reichsbahn）即国家铁路系统带来可观收益。欢乐力量旅行团计划也会出资补助戏剧表演、音乐会、展览活动、运动比赛、郊游远足、民俗舞蹈和成人教育课程。纳粹把资金投入其中，作为获取大众支持的手段。欢乐力量旅行团在1933年至1934年获得2400万马克，在1935年取得1700万马克，在1936年又有

↓20世纪30年代，纳粹会向人民和全世界描述一般德国人的生活：在游泳池边享受快乐假期的家庭。

1500万马克进账，它在此过程中就摇身一变成为国营企业（有点像党卫军）。纳粹在上台的两年内就创造出一个庞大的度假组织，庞大到特别为它建造了两艘附有头等舱的远洋客轮，甚至连闻名遐迩的国民车在刚开始时也是被命名为欢乐力量旅行车，而政府则提供高额补助使其进入量产。国民车出现前，汽车一直是中产阶级的象征，但有了国民车［就好像美国的福特（Ford）T型车］，通过每周分期付款，拥有一辆家用汽车对一般德国家庭来说不再是遥不可及的梦想（然而当战争爆发时，汽车生产就因为军备生产而暂时停止，一般德国人就再也买不到汽车了）。

纳粹精英认为欢乐力量旅行团是国家社会主义利益的实际证明。负责欢乐力量旅行团活动的罗贝尔特·赖伊总结其目标："在劳工的眼里，我们认真地提升他们的社会地位。他们看到我们向世界展示的并不是所谓的'受教育阶级'。"对赖伊来说，欢乐力量旅行团是纳粹德国内阶级斗争破坏性潜力的证明，"在最近几年内，劳工将会摆脱他们也许是从过去继承而来的自卑感的最后痕迹"。

大部分德国人没有采取什么行动来对抗这个政权；共产党员阿洛伊斯·菲勒（他的经历会在后面章节概述）则是例外。对一名汉堡

银行家的儿子曼佛列德·弗莱黑尔·冯·施洛德（Manfred Freiherr von Schröder）来说，纳粹是一股追求稳定的力量，并且他在1933年也就是希特勒上台的这一年加入纳粹党，施洛德回忆道："每一件事再度恢复了秩序，并且清清白白；有一种民族解放的感觉，一个全新的开始。"德国人知道，反对这个政权的人被关在集中营里，但是这些集中营被认为是重建秩序和恢复德国威望的必要手段，施洛德再次说道："自从英格兰的克伦威尔（Cromwell）以来，你从未有过这种体验，最接近的是法国大革命，不是吗？身在巴士底监狱（Bastille）里的法国贵族不是那么令人愉快，对吧？所以人们在那个时候说'噢，英国人在南非发明了它们（集中营），用在波尔人（Boer）身上'。"在20世纪30年代，德国人可以忽视涉及和他们相较之下少数同胞性命的集中营，这些集中营不同于20世纪40年代的灭绝营，被释放的因犯被迫签下一纸文件，其中承诺他们绝不会谈论营中的经历，如果违反就会再度被立即逮捕，并送进集中营。

人民与宗教

纳粹被迫容忍德国境内的宗教活动，但如同马丁·波尔曼大声疾呼的"国家社会主义和基督教是相互对立的"。希特勒支持此一观点，表示："总有一天我们会想要在一个位置，那里只有白痴站在教堂的讲坛里向老太婆说教。"纳粹将基督教视为被犹太人玷污的宗教信仰。作为回应，纳粹向德国人民提供一个新宗教，以鲜血、土壤、日耳曼民间传说和千年第三帝国为基础，在这点上，纳粹与以前试图给人们一个华丽的全新世俗世界的革命者没什么不同；丝毫不令人讶异，种族优势在这个新"宗教"中占了相当大部分。

依然想要精神寄托的纳粹分子创立了一种称为"信神"（Gottgläubig）的宗教，以替代现有教会。此一信仰遭到病态异教徒实践的严重扭曲，纳粹当局正式批准此教派活动，到了1939年"信神"的教徒已超过300万人。纳粹强调异教徒过去的浪漫概念，而在同一时间打压已经建立的教会。纳粹不愿意容忍（就像对家庭一样）在基督教中有一个可替代的权力中心，因此与教堂结合的生活仪式，例如出生、婚姻和死亡，全都招致批判，在这样的攻击中，纳粹甚至改变了历法，以贬低基督教的庆典，并注重非基督教的仪式。因此在1938年时，纳粹禁止在学校中演唱圣诞赞美诗和演出圣诞剧，而在同一时间，圣诞节则被一个新的词汇"圣诞季节"（Yuletide）取代。

新教与一体化

更极端的纳粹分子看起来打算将纳粹一体化（Gleichschaltung）政策扩大到教会身上，此一政策的目标是将德国人生活的各个领域放进至高的纳粹机器中，反对此一过程的任何东西或任何人就不能信任，而相互结合的纳粹组织就试图把德国人生活中的所有领域一起带进纳粹权威之下。1933年之后，纳粹通过了一系列法律，以消灭往昔日耳曼国家的传统和特权，并创造一个单一政党中央集权的国家，而新的权力团体就从这众多新立法之中发展起来，比如党、劳动阵线、党卫军、保防处（SD）和盖世太保。

教会是一个显而易见的目标。1933年4月时，强硬派的纳粹分子要求立即对所有新教教会进行一体化。德国国内两大教派——罗马天主教和新教的回应莫衷一是，有些人默许纳粹的要求，其他人则坚决反对此一新威胁。纳粹新教徒（时常被称为"积极的基督徒"）相信耶稣基督以希特勒的形体降临到他们身边，表示上帝认可雅利安人的生活方式，主张种族混合是一种错误。基于此一想法，"积极的基督徒"企图通过一项提议，要求担任神职人员的先决条件就是拥有雅利安血统。马丁·尼莫勒（Martin Niemöller）牧师接手了宣信教会（Confessional Church）的领导权，并组成一个牧师紧急联盟（Pfarrenbund）以反对这些强硬派。

尼莫勒在第一次世界大战时是一位潜艇艇长，曾获颁功绩勋章（Pour le Mérite）；他接着研究神学，并在1924年时被任命为牧师。大约有7000名牧师加入尼莫勒的反对运动，但纳粹的迫害严重贬抑他们的地位。其间，"积极的基督徒"攻击《圣经》旧约和新约中那

↓马丁·波尔曼是希特勒最亲近的密友之一，号称"办公桌后的马基维利"，就像许多纳粹分子一样，他相信纳粹主义，并反对基督教信仰。

些被认为遭到犹太教玷污的部分。

"积极的基督徒"的政策遭到许多新教教会人士的严厉批评，也遭到像尼莫勒这类人的攻击。到最后，纳粹将新教一体化的企图失败了，但这并不能阻止纳粹迫害宗教领域的反对者，包括尼莫勒在内，他在1937年时遭到监禁，随后被送进集中营。新教教会在1935年公开将所有纳粹种族-民族世界观斥为无稽之谈，结果有700名神职人员被捕，他们倍受羞辱，连公民自由也被限制。尽管纳粹最后没能吞并这些教会，但到了20世纪30年代末期，镇压政策已有效遏止新教运动内的公开反对。

天主教会

对纳粹来说，天主教会代表更难以应付的反对力量。天主教徒比新教徒多了两项优势：首先，他们的宗教是真正的国际宗教信仰，由梵蒂冈的教宗进行集权领导；其次，天主教徒在德国境内有一个代表其利益的政治性组织，名为中央党（Centre Party）。天主教会希望运用政治影响力来使纳粹对教会事务的干扰转向，因此中央党支持1933年的授权法（这是一个彻底的手段，使纳粹政府可以制定法律而不必经过德国国会批准），此法构成纳粹合宪的基础，希望这样的支持可以在纳粹对天主教的政策中获得好处。希特勒小心翼翼地不和天主教会对抗，并且用安抚的说法哄骗，使其误以为可以放心。大部分的德国天主教徒（和新教徒）也是一样，他们毫不关心对所有德国人做出绝对要求的全部纳粹意识形态，而且也未能看出其威胁现存宗教的潜力。

到了1936年，天主教会向希特勒提出有关纳粹干预其事务的正式报告。当教会代表法奥哈伯尔（Faulhaber）枢机主教抗议对有遗传疾病的人进行绝育的新法律时，希特勒终于大发雷霆，并告知这

↑图为1932年，警员们在一个院子里休息。纳粹当局对警察和武装部队成员施加庞大压力，要求他们放弃教友资格。

位枢机主教不要插手这件事。在法奥哈伯尔与元首冲突的5个月之后，教宗庇护十一世（Pius XI）颁布了一道特别的教皇通谕，标题为《深切的忧虑》（*With Deep Anxiety*），谴责纳粹对教会的攻击。教宗提醒希特勒，人之所以身为人类，就会拥有面对社会上每一次否定、压制和妨碍的企图而要加以维护的权利。此一教皇通谕由德国所有天主教会的教士宣布，纳粹对此的回应是在国家掌控的媒体中攻击神父、僧侣和修女，之后逮捕了当中一些人，并捏造金融和性犯罪方面的罪名指控他们。戈培尔身为一位前天主教徒，精心策划了这些攻击，并将数百名神父和修女送进集中营里。

最后，两个基督教会都无法理解纳粹代表的威胁。当许多个别的神职人员如英雄般地行动时，教会却没有采取什么行动来阻止纳粹接收德国。他们的回应只有发表无力的反对声明，而不是筹划群众抗议活动。教会（和所有的德国人）如果注意到尼莫勒牧师的著名评论，就会做得很好，他说："纳粹首先对付犹太人，但我不是犹太人，所以我没有反对；然后他们对付天主教徒，但我不是天主教徒，所以我也没有反对；接着他们转向工会会员，但我不是，所以我还是没有反对；最后终于轮到我了，但是再也没有人出来反对了。"

至于乡村的日常生活又是什么样的状况呢？一旦纳粹上台，地方市镇首长就遭撤职，反对党也被取缔，任何和左派有关系的休闲俱乐部都被勒令停止营运。此一意识形态的重组和协调（即纳粹一体化）在乡下完成了，且没有受到多少农村传统保守人士的反对。不过为了以防万一，当局还是会从邻近村庄调来突击队员担任强制执行人员。

并非每一个人都会和这种影响他们生活的严密管控合作。有些村民会避开纳粹的游行，而当纳粹打

↓图为豪华壮丽的科隆大教堂。纳粹随即镇压了宗教界的大部分反对声浪，只剩下少数勇敢的神职人员公然表明反对暴行。

算征收赫塞的柯尔勒村自行车俱乐部的脚踏车时，俱乐部人士聚会的小旅馆老板却拒绝交出这些脚踏车，并宣称这些脚踏车都是他自己的；直到战争结束后，他才把这些脚踏车还给原来的车主。此外，当纳粹在柯尔勒首度举办五朔节游行时，他们惊讶地看着分列式竟然在当地妇女高举着的魏玛共和国旗帜前通过。

农村生活

不过这些藐视或挑战行为都只是例外，而不是常态。很快地，纳粹就深入了德国境内的各个村镇，生活改变了。纳粹不断表示他们能够降低失业率，并改善贫穷的状况，因而获得支持。纳粹引进了劳动役（Arbeitsdienst），替妇女和儿童成立各种组织，并通过欢乐力量旅行团给一般人民提供便宜的假期旅游。在乡间，这些措施吸引到年轻人，只有比较年老的人无法接受。纳粹迎合年轻人的喜好，当新的纳粹结构取代了以家庭为基础的旧式农村生活时，就导致了世代问题，参加纳粹青年组织的年轻人和妇女将他们新的自信带回家中，挑战父母亲的权威。对许多村民来说，当对纳粹国家的忠诚和老一辈的传统结构爆发冲突时，就导致了家庭内

部的迷你战争。

在第三帝国统治下，农村家庭在抚养和教育儿童方面丧失了大部分功能。学校的教育被扭曲，再加上希特勒青年团的影响，农村儿童所接受的生活观念与之前大大不同。传统上，年轻人会把时间花在农务上，现在，则花在和纳粹青年组织有关的运动和准军事操练上；当年轻人（包含女性）年满18岁时，就会被征召进入劳动和军事单位，而此举就拉大了农村里儿童和父母之间的距离。此外这样的状况也使农村工作发生问

↓马丁·尼莫勒牧师（左）是少数几位愿意公开批判纳粹的德国人，他是一位坚定的牧师与和平主义者。

题，因为能够帮忙的年轻人都离家去做别的事情了。

纳粹为这些改革辩护，表示他们是为每一个人的利益着想，国家就像是一个家庭，而每个人都需要为这个较大的家庭做出贡献。在这样的背景下，对村民来说他们很难反对改变生活方式。1939年战争爆发伊始，男人就被征召上战场服役，村民们就被迫收容（跟英国一样）因盟军轰炸德国大城市而被疏散的都市居民。在德国境内的各个村庄，村长或镇长们担负评估村庄内每户人家的任务，以确定有多少空间可收容被疏散人员；当东线的

战争局势开始对德国不利时，大批德国难民向西移动以远离红军，这些人也全都需要可以栖身的地方，这些新来的人就在消极的顺从和无声的愤怒当中被接纳。战争的走向使大部分乡村居民相信第三帝国已经来日无多，结果到了1944年，乡村居民们开始公然反对纳粹当局，并贮存食物，甚至会藏匿逃兵。

钢铁般的牢固控制

当战争在1945年5月结束时，农村中的生活，比如在柯尔勒，已经无可挽回地改变了，纳粹已经摧

↓图为德军部队在赫塞进行演习，村民们在路旁观看。在乡间地区，新的纳粹组织取代了以家庭为基础的旧体制。

毁了旧秩序，然后盟军又消灭了纳粹。在柯尔勒，差不多每一户家庭都有人在战场上牺牲，这座村落没几个年轻人，却有着数目不相称的老人。重新安置来自东方的难民也改变了乡间农村的结构，因为新来暂住的人们落地生根，并于战争结束后继续在当地生活。妇女也被纳入战争经济体系中，并且不再愿意接受农村家庭的传统角色。最后，当纳粹发动一系列暴力活动，有效摧毁了田园生活的古老结构时，农村居民企图维持以血统和土地（Blut und Boden）为基础的田园生活方式的努力终究失败了。

把阴影投射在纳粹德国日常生活上的是希姆莱的党卫军（SS），一个帝国中的帝国。党卫军是从一小群负责保护希特勒的护卫队逐步发展起来，成为一个庞大的组织。其帝国安全总局（RSHA）由党卫军二级上将（SS-Obergruppenführer）莱因哈德·海德里希（Reinhard Heydrich）指挥，对第三帝国的生活造成最深远的冲击；在帝国安全总局辖下最重要的几个部门，包括党卫军中将（SS-Gruppenführer）海因里希·穆勒（Heinrich Müller）指挥的秘密国家警察（即盖世太保）、党卫军中将阿图尔·奈比（Arthur Nebe）指挥的刑事警察（Kriminal Polizei），还有党卫军少将（SS-Brigadeführer）瓦尔特·施伦堡（Walter Schellenberg）指挥的国外保防处（Ausland SD），此即情报部门，以及党卫军少将奥托·奥伦道夫（Otto Ohlendorf）指挥的国内保防处（Inland SD）。

盖世太保是负责搜捕危险分子，并维持纳粹铁腕控制的秘密警察，其逮捕权力完全没有法令限制。盖世太保拥有许多线民担任他们的耳目，例如在一栋大型公寓大楼中，就会有定居在其中的盖世太保线民，负责监视该栋大楼住户的一举一动。盖世太保在1939年时有20000名职员，到了1943年则有100000名线民。一旦被线民告发，就意味着会被拘留，官员们在那里依照法律规定，有权以殴打的方式来取得口供（此一过程一次可能会持续几天，而犯人在意识清醒或模糊之间就会犯错）。惊恐不已的犯人接着就会被送进集中营里，之后就再也没有人会见过他了。盖世太保通过运用恫吓和恐怖，对国家和人民保持严密的控制，鲜有人会对此感到疑惑。

第7章
纳粹统治下的文化活动

赫尔曼·戈林在他闻名于世的妙语中总结了纳粹对文化和艺术的态度："无论什么时候我听到'文化'这个字眼，我就会把手放到左轮手枪上。"戈林的态度获得高层纳粹分子的响应。如同我们所见，希特勒痛恨知识分子，以及有关理智的全部一切，并且极度执迷于一旦上台就要把他们全部杀光的想法。

1933年后，许多德国知识分子，特别是具有犹太人血统的人士，看到写在墙上的标语便决定移居国外，那些外移人口名单可说是德国知识分子反对纳粹主义的重要力量，且此波移民潮对德国文化界来说是沉重的损失：作家方面包括托马斯·曼（Thomas Mann）和海因里希·曼（Heinrich Mann）兄弟、阿诺德·茨威格（Arnold Zweig）和斯蒂芬·茨威格（Stefan Zweig）、法兰兹·魏尔斐（Franz Werfel）以及雅各布·瓦塞尔曼（Jakob Wassermann）；包豪斯学派（Bauhaus）的大师，像是瓦尔特·格罗皮乌斯（Walter Gropius）、密斯·凡·德罗（Mies van der Rohe）与马歇·布劳耶（Marcel Breuer）；画家方面例如马克斯·贝克曼（Max Beckmann）、奥斯卡·柯克西卡（Oskar Kokoschka）和库尔特·施威特斯（Kurt Schwitters）；电影导演弗里茨·史腾贝尔格（Fritz Sternberg）和弗里茨·朗（Fritz Lang），还有女演员玛琳·黛德丽（Marlene Dietrich）。天才音乐家和作曲家方面的损失更是显著：保罗·欣德米特（Paul Hindemith）、奥托·克伦佩勒（Otto Klemperer）、库尔特·威尔（Kurt Weill）、汉斯·耶里内克（Hanns Jelinek）、恩斯特·托赫（Ernst Toch）、阿诺尔德·勋伯格（Arnold Schönberg）和理查德·陶贝尔（Richard Tauber）。学者们也成群离开了：马克斯·韦特默（Max Wertheimer）、威廉·斯特恩（William Stern）、西格蒙德·弗洛伊德（Sigmund Freud）、保罗·田

←←图为教授们出席历史悠久的海德堡大学校庆活动。

←无法符合纳粹标准和被认为是"非日耳曼"的书籍都会被烧毁。

立克（Paul Tillich）、恩斯特·布洛赫（Ernst Bloch）、西奥多·阿多诺（Theodor Adorno）、恩斯特·卡西尔（Ernst Cassirer）、库尔特·哥德斯坦（Kurt Goldstein）、艾里克·弗洛姆（Erich Fromm）、弗里茨·莱赫（Fritz Reiche）、汉斯·贝特（Hans Bethe）、理查德·科朗特（Richard Courant）、詹姆斯·弗兰克（James Frank）以及阿尔伯特·爱因斯坦（Albert Einstein）。当德国展开研发原子弹的计划时，就会了解爱因斯坦的离开所带来的遗憾。1945年8月美国投掷在日本的原子弹就是以他提出的相对论（Theory of Relativity）为理论基础。纳粹上台之后，总计大约有2500名作家离开德国。

虽然许多知识分子、作家、音乐家和科学家离开德国，但也有些人选择留下来。在那些留下来的人当中，显要的人物有奥托·哈恩（Otto Hahn）、维尔纳·海森堡（Werner Heisenberg）、马克斯·普朗克（Max Planck）、格哈特·豪普特曼（Gerhart Hauptmann）、戈特弗里德·贝恩（Gottfried Benn）和马丁·海德格尔（Martin Heidegger）。这些人之所以会选择留下来，是因为许多德国知识分子传统上不会踏入政治圈。其他人经常是受到纳粹对他们的工作给予正式承认的引诱，进而决定和纳粹革命理想合作。此外，仍有一些人天真地相信纳粹不会攻击德国知识分子的生活，但他们错了：德国人将他们一体化的政策应用在文化和艺术方面，以便使德国人生活的此一领域与纳粹国家机器完全融合。

1933年3月，就在希特勒成为德国总理的两个月后，戈培尔宣布文化和政治将会合一。1933年9月，他创立新的帝国文化议院（Reichskulturkammer），德国艺术家如果想要工作的话，就必须加入这个组织，而不是雅利安人的艺术家就被禁止加入。其他国家部门也涉入文化和艺术事务，和戈培尔的新协会平行运作。

阿尔弗雷德·罗森堡（Alfred Rosenberg）是纳粹意识形态思想家之一，他通过德国国家社会主义工人党的意识形态训练与教育监督办公室（Office for the Supervision of Ideological Training and Education）涉足文化控制事务。此一机构是由早期的德意志文化奋斗联盟（Kampfbund für Deutsche Kultur, KfDK）发展而

→图为1938年，戈培尔和元首一同出席伟大的第三帝国艺术展的开幕式。纳粹艺术遵循着一套可预测的风格，并强调军人的美德。

来，该联盟在1929年成立，目标是对抗"犹太人"对德国文化的影响，在1933年后以全新面貌出现。罗森堡的办公室不但拟订黑名单，也焚毁书籍，并将博物馆内任何被认为"堕落"的展示品清空。罗森堡在早期是一位反犹作家，他的《20世纪神话》（*The Myth of the Twentieth Century*，1930年出版）是纳粹分子必读书籍。此书假设就是自由主义已腐蚀了北方人民的优越性，允许"劣等"种族获得权力，而德国的责任就是要统治他们。1940年时，他建立了一支特遣队，掠夺被征服欧洲国家的艺术珍宝，并在一年以后成为负责东欧占领区事务的部长；1946年时，他以战犯身份被判绞刑处死。

纳粹旋即压下了独立文化组织的声音。例如当普鲁士艺术学院的部分会员签署了一份请愿书，反对即将举行的选举中的纳粹分子时，纳粹在普鲁士的文化事务官员遂告知学院院长，如果那些反对者不撤回请愿书的话，就会下令关闭学院。该请愿的诸发起人在院长的压力下随即辞职。之后院长取得了学院内大多数会员的支持，签署了一份决议，禁止会员参与进一步的政治活动，并要求会员们致力于民族统一的目标，有些会员由于认为自由受到威胁而辞职，其他人则依行政命令被开除。

←图为纳粹思想理论家阿尔弗雷德·罗森堡。他在20世纪20年代阐述邪恶的反犹思想，并协助为种族主义建立一套纳粹意识形态的基础。他于1946年被判绞刑处死。

焚书

也许没有任何事比公开焚书更能表达出纳粹对文化的态度。诗人海因里希·海涅（Heinrich Heine）观察到："你在哪里焚书，即是焚烧民心。"德国学生联盟以被认为"非德国人"或"被犹太人玷污"的书籍作为示范，戈培尔安排了这些戏码，学生们和学者们在当中借由建议哪些书应该被焚毁的方式，竞相表达对新政权的支持。戈培尔通过以下宣告将焚书行为合理化："学生同胞们，德国的男女们！极端犹太唯理智论的时代终于结束了，而德国革命的成功已再次恢复德意志精神的优先地位……你们将过去的邪恶幽灵送进熊熊烈火之中，这个行为理所当然……这是一个有力、伟大、具象征性的举动，此一行动在全世界面前见证了11月共和消失得无影无踪的事实。新精神的凤凰将从这堆灰烬中腾空而起……过去已在火焰中化为灰烬，而未来将从我们内心的火焰里浮现……我们的誓言在火焰的映照下熠熠生辉，那就是：国家、民族和我们的元首希特勒。"

无法符合纳粹全新标准的艺术作品，就在公开展览中遭到羞辱。观众们从最不利的角度欣赏"不入流"艺术的展示，比如用稀疏的灯光和贬抑的标题来诋毁现代艺术（尽管这样的展示结果证明受到大众的欢迎）。纳粹偏爱与画报紧密一致的"英雄式"艺术，且在慕尼黑一座新的德国文化之家中展现其艺术偏好。该建筑本身就是希特勒喜爱的样式，即新古典主义加上以军事等级精密度安排的圆柱；在其内部，陈列品显示出纳粹对权力和单纯性欲的着迷：肌肉发达的裸体者和诱人的雅利安少女坐在一块儿。希特勒这位失败的奥地利画家，他的建筑师梦也没有实现，但终于能够支配德国文化界。

希特勒的建筑师阿尔贝特·施佩尔创造了各种吸引元首的设计。他负责规划一座庞大的新首都，在德国国会附近将有一座圆形屋顶的建筑，将使罗马的圣彼得（St. Peter）大教堂相形失色。这座建筑的圆顶直径达250米，内部可容纳12.5万名观众。在这座建筑的旁边将会有一座巨大的凯旋门，可使巴黎的凯旋门（Arc de Triomphe）黯淡无光，还会有一座可容纳100万人的希特勒广场，宽阔的林荫大道，一座希特勒专属的私人皇宫以及崭新的德国国会大厦。但就好像

纳粹一贯的路线一样，这就是形式压倒物质的胜利：纳粹只建造了德国国会大厦。

纳粹在纽伦堡举行的大型集会象征了20世纪30年代的德国文化。这些集会证明了就纳粹而言，人们从不曾被当成个体看待：40万人的集会如实地在纽伦堡一座混凝土结构的体育场举行，由纳粹各级领导人进行热烈演说。1936年的奥林匹克运动会在柏林的一座体育场中举行，这座体育场的设计是强调要为大批群众提供巨大开放空间。个体什么都不是，共同体才是一切。如同纳粹分子设想的，纳粹艺术是强调客观永恒事实的宣传。

音乐也被纳粹拍卖了。希特勒喜爱华格纳的歌剧，任何事物只要超越华格纳的范围就会被认为值得怀疑。大部分有一技在身的音乐家都被迫离开，前往更自由的社会，任何被认为根本是"属于犹太人"的音乐遭到禁止。在整个德国境内，任何反对此一新趋势的音乐家和指挥家都失业了，所有的音乐都被消毒：保罗·欣德米特的歌剧《画家马提斯》（*Mathis der Maler*）当中的一幕就遭到谴责，因为据说该幕演出了纳粹的焚书行为。欣德米特最后避走海外，而德国的损失就是美国的收获。爵士乐也是纳粹的目标之一，因为其被认为是堕落、美式而且属于黑

人的音乐。

纳粹艺术：对战争的热爱

1933年至1945年，大部分写出的、谱出的、画出的和造出的东西都没有价值。纳粹准许艺术在四个经过仔细管制的主题中尽情挥洒，也就是土地、种族、战争和纳粹党。德国士兵在第一次世界大战时的行动是一个特别受到欢迎的主题，战争成为一种精神上的体验，而恩斯特·容格尔（Ernst Jünger）的著作就是对此主题进行发挥的最佳范例〔最有名的是他的著作《钢铁风暴》（The Storm of the Steel）〕。纳粹强调服兵役和牺牲奉献，军国主义被置于前卫之上；保守异教徒的意识形态胜过颓废的现代主义。这些新艺术形式也寻求德国历史上可以吸引纳粹的独特主题，作家们注重德国人民把欧洲从成群的犹太人和斯拉夫人等"劣等种族"手中拯救出来的使命。在戈培尔1929年的小说《迈克尔》（Michael）中，他点出了所有纳粹法西斯主义的关键想法：第一次世界大战期间壕沟生活的同僚之谊（戈培尔从未打过仗，因为他是个跛子）、20世纪20年代的战后混乱、钢铁般意志的重要性、血统凌驾于头脑之上、民族和元首之间的神秘关联、母亲的完美典范，以

及和颓废的西方自由主义与共产主义战斗的需要。

在戈培尔的领导下，纳粹攫取了传播讯息的新手段，在这点上，无线电广播格外重要。纳粹将所有独立区域电台集中到中央当局的管控之下，即帝国无线电广播公司（Reichsrundfunk Gesellschaft, RRG）；纳粹也生产价格便宜的收音机，价值76马克，所有的德国人都负担得起，国民收音机就将纳粹的讯息带进工厂和工作场所中；另一种更便宜、更小的家用型收音机（被称为"戈培尔之口"）则价值35马克。利用这些收音机设备，纳粹将他们的宣传发送到每一个德国人的家中。政府广播时，工厂和办公室职员必须放下手边的工作，人们在指定的时间集合，以聆听当局宣布最新消息；纳粹甚至计划要在全德国境内的公共广场竖立6000根扩音器柱。实际的广播内容全都是关于纳粹胜利的宣传，并且会以一段感恩祈祷赞美诗和进行曲音乐结尾。1942年后，当战局开始变得对德国不利时，广播有时会以丧礼进行曲作为结束。

←图为兴高采烈的冲锋队队员和年轻的狂热分子搜集准备烧毁的书籍和小册子，光是在1933年5月11日就有20万本书籍被焚。

约瑟夫·戈培尔
——宣传头子

1. 在一场早期的纳粹集会中，身材瘦小的戈培尔在冲锋队员的簇拥下摆出有男子气概的姿势，其中一名冲锋队队员的头上还裹着绷带。

2. 由于没有在第一次世界大战时服役，戈培尔总是有一种遗憾，他因为身体畸形而不用当兵。就身体而言，他跟雅利安人的典范还差得远，然而却是一位杰出的煽动家，精于媒体操作。

3．戈培尔与希特勒共进晚餐。他有一次在日记中写道："我爱你，阿道夫·希特勒。"

4．戈培尔在台上演说时，台下挤满忠实的支持者。

5．向观众发表慷慨激昂演说的宣传头子。戈培尔身为宣传部长，控制了所有的写作、戏剧、舞蹈、绘画、雕刻、电影和广播。

6．1937年，戈培尔与希特勒在意大利米兰（Milan）的史卡拉（Scala）歌剧院。

7．1944年，戈培尔视察柏林市内被炸毁的建筑物。在第二次世界大战期间，戈培尔肩负在本土维持士气、视察遭轰炸的城市和组织援助工作等任务。

→图为希特勒的建筑师：阿尔贝特·施佩尔。由于他在纳粹战争中的角色，被判处20年有期徒刑，是少数几位承认罪行的资深纳粹分子之一。

支配了无线电波之后，纳粹的下一个目标就是要防止德国人民收听国外电台广播，因此收听外国广播在1939年时成为非法行为。德国人只要遵守这条法律（而对违反此法的惩罚相当严厉）就可以得到每日的"新闻"、战况报告和音乐；同一时间，当局也会干扰外国的广播，以防止德国人民收听到在战争期间发生的任何事件的真相。干扰台的代号是"康可第亚"（Concordia），包括将英国卖国贼威廉·乔伊斯（William Joyce）的讯息送回英国的新不列颠广播电台（New British Broadcasting Station）［乔伊斯有一个绰号"哈哈爵士"（Lord Haw-Haw），不过这个绰号首先用在另一个卖国贼、英国人诺曼·贝利-特斯图尔（Norman Baillie-Stewart）身上。乔伊斯在战后被判处绞刑］。

纳粹宣传的另一种关键媒介是电影。戈培尔在1933年设立一个纳粹电影办公室，负责贷款给愿意促进国家社会主义理想的电影制作人。纳粹总计拍出了1500部电影，这些电影不是宣传片，就是娱乐片，而且它们都附有每周新闻影片。有了受到控制的无线电广播电台和电影的新闻影片，一般德国人没有什么其他方法可以得知在德国和外部世界真正发生的事。

因为电影制作人的娱乐片必须与任何政治主题保持距离，结果就造就一系列枯燥乏味的浪漫爱情和冒险电影，至于宣传片则都是受到欢迎的失败作品。电影赞扬纳粹党的善良美德，并美化20世纪20年代左派和右派间的厮杀。在20世纪20年代被共产党活活打死的冲锋队队员成为主要的纳粹电影主题，如《冲锋队队员布兰德》（SA-Mann Brand）、《希特勒青年团的奎克斯》（Hitlerjunge Quex）和《汉斯·魏斯特玛》（Hans Westmar）。还有一批电影的意图是用来散播有害的反犹主义讯息，比如《罗伯特与贝尔特兰》（Robert und Bertram，1939年）、《红盾》（Die Rotschilds，1940年）、《亲爱的犹太人》（Jud Süss，1940年）和《没完没了的犹太人》（Der Ewige Jude，1940年）等。由于此主题太过极端，纳粹必须强迫电影制作人拍摄。这些电影将犹太人描绘成从阴沟里钻出来的鼠辈，准备占领世界，甚至导致观众在离开戏院后进行反犹屠杀。他们想要表达的讯息很简单：在犹太人像老鼠一样占领世界之前，德国人必须把他们消灭殆尽。

纳粹电影在最好的时候，能够抓住纳粹主义新气象的本质，就这点来说，没有任何电影能够达到莱妮·里芬斯塔尔（Leni Riefenstahl）的境界，尤其是她的《意志的凯旋》（*Triumph des Willens*，1935年）和《奥林匹亚》（*Olympia*，1938年）。这两部华丽的作品展示了纳粹的大型群众集会［《奥林匹亚》被分成两部曲播出，即《民族的节庆》（*Festival of the Nations*）和《美丽的节庆》（*Festival of Beauty*）］。戈培尔反对里芬斯塔尔，因为他认为身为文化和宣传最高主管的地位被她篡夺了，但当她获得希特勒的亲自许可后，就铆足全力拍摄电影［里芬斯塔尔与戈培尔合作时遭遇严重困难，导致她在制作《信念的胜利》（*Victory of Faith*）一片时精神崩溃］。她的作品大大展示了希特勒的领导魅力，以及20世纪30年代的大型群众集会，并加上冲锋队队员们行进时的密集行列带来的激动人心的效果。里芬斯塔尔在她以1936年奥运会为主题的电影中再度应用相同的技术（第二次世界大战后，里芬斯塔尔

←图为在庆祝希特勒生日的场合上，宾客们聚集起来欣赏另一项宏大辉煌的纳粹建设计划，也就是柏林的奥林匹克体育场。

曾因她在纳粹宣传机器中扮演的角色而被法国人短暂监禁）。

纳粹将其一体化政策运用在德国人生活的所有领域中，20世纪30年代的文化和艺术因此遭殃。在约瑟夫·戈培尔的领导下，顺从和控制取代了创造力，德国人享用了经过精心策划的文化盛宴，其意图是使纳粹主义更能被人接受，并使德国人准备好面对战争的考验；艺术不再是个体自由的表达，反而变得难以与宣传区分开来，并且在形式和编排上讽刺地和苏联的官方艺术相近。德国人民在20世纪30年代还能够相信这些宣传，但到了1942年之后，随着盟军开始对德国城市进行轰炸，德军也从各条战线上败退，伤亡人数不断增加，即使是戈培尔也无法继续隐瞒真相。

↓在第三帝国时期，音乐受到严格的控制，并强调"日耳曼人的"作曲家，比如19世纪的理查德·瓦格纳。

第8章

恐怖降临

一旦上台，希特勒就开始无情地对待那些反对他的人，甚至是从前的同志。纳粹在获得权力的过程中最戏剧化的一幕，就是清洗被认为是新政权威胁的纳粹同志。此一如芒刺在背的威胁集中在恩斯特·罗姆身上，他是一个强硬、矮胖的男人，自从20世纪20年代初期开始就成为希特勒的密友。罗姆在

第一次世界大战期间曾三度负伤，他的身上因此留下伤疤，鼻子有一半不见了，脸颊上则有枪伤的疤痕。如同我们知道的，罗姆在20世纪20年代创建了冲锋队，为纳粹而战。就是罗姆率领的褐衫冲锋队打赢了与共产党的巷战，而希特勒在1933年之前也十分感谢罗姆的协助，他公开说他想要"感谢上天赐

←←图为冲锋队队员行经印有典型犹太人图片的公告旁。《冲锋队队员》是一份纳粹周报，该报运用这类图片作为其反犹"圣战"的一部分，会让希特勒从头读到尾的也只有这份报纸。

←"佩戴这个标志的人，不论是谁，都是人民的敌人"。此为战前德国的反犹海报。

予我这个权利可以称呼一个像你这样的男人为我的朋友和战友"。然而一旦上台之后，希特勒逐渐发现罗姆使他左右为难，并且成为一个可替代的权力中心。罗姆和其他像是格雷格尔·施特拉瑟（Gregor Strasser）的纳粹分子在一起，形成了纳粹主义的"左翼"分支，强调德国国家社会主义工人党"社会主义"的那一面，并呼吁进行第二次工人革命。对罗姆来说，纳粹运动是一个工人阶级的运动，而革命是一个永久的状态；另一方面，希特勒在企业家、政治家和陆军军官等德国反动派精英的协助下，于1933年获得政权。

罗姆使那些协助希特勒掌权的德国武装部队和资深实业家感到不安，而希特勒明白他必须满足那些新支持者。德国武装部队怀疑罗姆怀有更大的阴谋，一名职业军官回忆起他的同僚们是多么不喜欢傲慢自负的冲锋队："一个人会排斥冲锋队是出于他们的言行举止、看起来的样子、行为的方式……大部分的士兵都讨厌他们。"希特勒试着说服罗姆改变思考路线，1934年6月4日，他花了5个小时，企图约束罗姆想要继续革命的愿望。在经过几次这样徒劳无功的会谈后，希特勒做出结论，认为只剩下武力解决这个唯一途径了，因此在1934年6月，希特勒亲自领导忠诚的党卫军，对冲锋队进行血腥的整肃行动。超过150名冲锋队高层人士被行刑队枪决，当中许多人在临死前高喊"希特勒万岁！"因为他们根本不明白为什么会遭到处决。罗姆本人则拒绝用留在他牢房里的左轮手枪自杀，因此两名党卫军被迫处决他。如同艾伦·布尔洛克（Alan Bullock）在他的《希特勒：暴政的研究》（*Hitler: A Study in Tyranny*）一书中叙述的："希特

↓图为希特勒与罗姆。罗姆是一名有恋童癖好的同性恋者，在1934年时被希特勒视为威胁，并被效忠元首的党卫军人员杀害。

勒下令在（罗姆）的牢房内留下一把左轮手枪，但罗姆拒绝用它来自杀：'如果要杀我，让希特勒本人亲自动手。'在1957年于慕尼黑举行的一场针对涉入本案者的审判中，根据一位目击证人的说法，接着罗姆被两名党卫军军官近距离枪毙，他们对着他射光左轮手枪里的所有子弹。

'罗姆想要说点什么，但党卫军军官叫他闭嘴，然后罗姆就立正站好，他的上半身被脱个精光，脸上充满蔑视的表情'。"

当接近希特勒的纳粹分子抓住这个机会解决宿怨时，许多和罗姆没有关联的纳粹和非纳粹人士也在"长刀之夜"的接下来几天当中被枪毙。举例来说，赫尔曼·戈林嫉妒库尔特·冯·施莱赫尔将军的地位和影响力，便想办法把这位退休的将军枪决了。被派去执行这项工作的杀手也枪杀了将军夫人，并威胁他14岁的继女不得告发他们，否则也会遭受相同的命运。在慕尼黑，75岁高龄的古斯塔夫·里特·冯·卡尔（Gustav Ritter von Kahr）因为在1923年时粉碎了希特勒的"啤酒馆政变"，因此被人从家里拖出来，活活打死，而遗体则在被肢解后抛弃到一处沼泽中。不过在混乱状况中也发生许多错误，一名受到尊敬的音乐评论家威利·施密德（Willi Schmid），被误认为是一位叫威利·施密德特

（Willi Schmidt）的人，因而不幸被误杀。希特勒手下第二号人物鲁道夫·赫斯旋即拜访施密德的夫人，表达他的吊唁，发给她一笔抚恤金，并表示要将她丈夫的死视为是"伟大的牺牲"。

在所有的杀戮逐渐平息后，希特勒以这些令人心寒的文字做出结论："在这一刻，我为德国人民的命运负责，因此我就是德国人民的最高仲裁者……每一个人都一定要知道，在未来所有的时间中，如果有人胆敢举起双手来打击国家，他就只有死路一条。"之后，内政部部长威廉·弗里克（Wilhelm Frick）制定了一部特别的法律，宣布希特勒在清洗期间所有行动都是合法的，顺从的德国国会无异议地通过了这项法律。对付昔日同志的"长刀之夜"证明了新政权的残忍无情，且预示着即将降临的恐怖。对左派、被归类为"劣等种族"者和在某方面被视为不被社会接纳的人

↑图为在一座德国城市内游行的褐衫队队员。他们会攻击犹太人，破坏犹太人经营的商店，并阻止顾客入内消费。

来说，同等残酷的命运正等待着他们。

如同我们已经看到的，阿洛伊斯·菲勒是一位共产党员，德国共产党的党员。尽管大部分共产党员在纳粹上台后就转趋低调，菲勒还是于1934年重新展开他的老共产党青年团活动。这是一个英雄般的举动，但在面对一个如纳粹般残忍的政权时，它注定要失败。菲勒被一名女性双面间谍（同时为纳粹党和共产党工作的某人）出卖，被盖世太保逮捕了。菲勒在监狱里遭到痛殴及残酷虐待，他的鼻梁被打断，还被人用皮带抽打到不省人事："当我再度清醒时，他们又揍了我一顿，然后我又失去知觉，于是他们便住手了，因为我什么也不肯透露。"然后盖世太保就改变讯问技巧，一个人把他的自白书翻面盖住，而只要菲勒每答错一个问题，

→图为从1933年起任内政部部长的威廉·弗里克，他得为使犹太人成为"次等"公民的1935年纽伦堡法负责。

另一个人就不断地殴打他的脸部。负责打他的警察打到扭伤右手，就改用左手，就这样菲勒的耳膜被打裂了："然后我听到不可思议的喧闹声……那是一种轰鸣声，就好像把头靠在海床上听到的那种令人不敢置信的轰鸣声。"菲勒接着便大出血，盖世太保把水桶和拖把拿来，并命令他把地板上的血迹清洗干净。随后他就被关进单人牢房，后来再被送进集中营，接着就在集中营里受苦，直到1945年。

反犹主义

当纳粹德国把其种族主义教条编纂成一系列法律规章和谬误理论时，犹太人就沦为主要的目标，然而纳粹对犹太人的政策在整个20世纪30年代间均有变动。首先是在1933年的选举之后发生一连串偶发攻击事件，在伍尔茨堡（Würzburg），一名犹太男性因为和非犹太女性发生关系，遭到公开羞辱，并且被监禁。冲锋队的暴徒们深入全德国境内的大小村落，负责攻击犹太人家庭，许多犹太人因而遭到殴打。犹太人的胡子被剪掉，或是被强迫喝下蓖麻油。卢迪·邦柏尔（Rudi Bamber）的家族是犹太人，定居在纽伦堡，1933年时，冲锋队来到他家，并且"把我父亲抓走，还有其他许多住在纽

伦堡的犹太人，他们被带到一座体育场中，那里的草地非常茂盛，然后他们就被迫用把草吃进肚子里的方式来除草……此举羞辱他们是劣等种族当中的最劣等人"。

不久之后，纳粹开始抵制犹太人经营的商店，商店的门口被人用油漆胡乱涂上"禁止进入"的字样，而冲锋队队员就在门口站岗，威吓那些仍然愿意上门消费的顾客。1935年时，纽伦堡法将纳粹的反犹主义变成法律条文，犹太人失去德国的公民资格，并被禁止与"雅利安人"通婚；1936年和1937年时，经济部部长沙赫特因为担心迫害犹太人所带来经济上的不良后果而提出抗议，再加上奥林匹克运动会于1936年在柏林举行，对犹太人的压迫因此暂时缓和，但种族憎恨依然存在。

在整个20世纪30年代，犹太人被迫离开企业，并遭受抵制。阿农·塔米尔（Arnon Tamir）的父亲经营一座香烟工厂，不过他马上遇到问题，因为该城的香烟业者虽然一向和他关系良好，却不能再贩售他生产的香烟；这样的抵制还不到两个月，香烟工厂就只得关门大吉。而在公职方面，纳粹也通过立法，禁止雇用犹太人。

阿农·塔米尔在反犹主义的恐怖气氛中成长，因而玷污了他对非犹太人德国女孩的态度："光是变得

↑一旦纳粹上台，他们就毫不怜悯地对付所有实际上或想象中的反对者。这张照片是在"长刀之夜"时拍摄的。

更友善，或更进一步地与一个德国女孩交往的想法，从一开始就被那些宣称犹太人正在污染他们的可怕卡通漫画和标题压抑了。"在受到大众欢迎的报刊上，纳粹漫画将犹太人描绘成意图染指清纯德国少女的淫荡恶魔，展现出猥亵的一面。当塔米尔在一处建筑工地工作时，他无意间听到一名纳粹党员表示，村里的一名犹太女人是个女术士，他声称她可以把自己变成一匹小马。如此粗糙的反犹主义曾经是一股在欧洲社会流传了几世纪之久的思绪，然而现在却受到一个组织健全的现代化国家政府积极鼓吹煽动。

1938年，纳粹对犹太人的迫害引爆了"水晶之夜"（Kristallnacht）。由于一名波兰籍犹太人在巴黎暗杀一位德国外交官，戈培尔征询希特勒是否能出动冲锋队来对付德国的犹太人，希特勒同意此一要求，攻击于11月9日展开。在全德国境内，犹太人

的住家通通遭到袭击。对邦柏尔一家来说，他们所知道有关水晶之夜的第一件事，就是当纳粹暴徒打破他家大门的那一刻，冲锋队队员们接着就捣毁了他们的住所；警察袖手旁观，毕竟进行破坏的人身上穿着制服。"有三名上了年纪的女士跟我们一起住在一楼。"卢迪·邦柏尔回忆道，他在那时还只是个男孩，"有一个被拖出去殴打，不分青红皂白，除非是她挡了路或别的什么。而我也被痛打一顿，最后倒在地下室里……那天晚上有许多人被逮捕，显然他们本来也打算逮捕我。但是在不久之后，他们竟然发现带头的已经回家了，很明显他已经受够了，而他们对此相当恼怒。那些人不打算浪费更多时间，因此很快地给了我一脚，并叫我滚蛋……然后就出去了，把我留在原

→犹太人经营的商店是纳粹攻击的目标。那些没有被砸毁的店铺就会被"强占"，并转交给"雅利安人"。

地"。当卢迪回到父母的房间时，他发现父亲已被纳粹分子活活打死："我整个人呆住了，我不能明白为什么会发生这种状况……对一个他们不认识的人毫无理由地施加暴力。"

一般人也用这种骇人的暴力对付德国同胞。有个人回忆起，虽然水晶之夜是个冲击，"但当群众大喊'万岁'时，个人又能做些什么？你一个人附和，我们一起附和。就是这样子，我们只是跟着做而已"。不过此一争论的方向并无法解释在水晶之夜后的早晨，纽伦堡那些人朝邦柏尔家的窗户丢掷石块的行为。水晶之夜结束后，总计有超过1000座犹太教堂被毁，还有多达400名德国犹太人遇害；在11月10日的早晨，人们发现德国各城市的马路上到处都是碎玻璃，闪闪发亮，这一连串的暴行因而被冠上"水晶之夜"之名。世界舆论为这一夜所发生的事件感到震惊，美国人召回大使，德国的货品也遭到强烈抵制，但世界舆论对德国境内被孤立的犹太人社群却爱莫能助。

在此一集体迫害后，犹太人在德国的地位每况愈下。纳粹通过差别待遇法案，目标是创造一个"无犹太人"的经济，具体做法是禁止犹太人进行贸易或是拥有商店、市场摊位或公司企业，犹太人的公司企业被"雅利安化"，也就是被强制卖给非犹太人的德国人。当局随后禁止犹太人进入学校、电影院、剧院和运动场，以及城市中被指定为"雅利安人"专属的特定区域。当地德国人热情地执行这些法律，于是到了1939年战争爆发时，犹太人正一步步地沦为德国社会中的贱民。

就在这些政策与措施变得越发严厉的时候，经济部部长沙赫特被免职了。沙赫特曾经基于反犹政策伤害德国经济的理由做了一些事，以缓和纳粹严酷的暴行；不过一旦换成戈林接手，他的目标却是要创造出一个"无犹太人"的经济，而且愈快愈好，这跟水晶之夜之类的事件同时发生。此外反犹政策也是纳粹决策体系的最高层阴谋策划的结果，举例来说，当媒体披露出戈培尔的种种花边新闻后，戈培尔急于迎合希特勒，而水晶之夜就是他奉承希特勒的手段。

希特勒从未背离他的反犹主

↓《冲锋队队员报》的老板，同时也是法兰科尼亚（Franconia）党部主管的优利乌斯·史特莱赫（Julius Streicher）提出了一句口号："犹太人是我们的灾难。"这就是典型的纳粹反犹主义。

义。当1939年欧洲战云密布时，他告诉热情的德国国会："（如果）欧洲里里外外的国际犹太人的资金，成功地将各国卷进另一场战争中，其结果将不会是地球的布尔什维克化和犹太教的胜利，而会是欧洲犹太民族的毁灭。"同一时间，他告诉捷克斯洛伐克外交部长："我们将消灭犹太人，他们绝对要为在1918年11月9日的所作所为付出代价。"此一说法涉及犹太人和马克思主义者强迫德国在1918年11月投降的观点，但毫无事实根据。

除了迫害之外，纳粹也施行一项鼓励犹太人移民海外的政策。早在1934年，党卫军的一个计划小组即建议实施一套有秩序且系统的大规模移民政策，来解决"犹太人问题"，然而此一政策并未成功。到了1937年，德国的503000名犹太人中只有120000人离开。当奥地利在1938年被吞并时，境内的19000名犹太人就加入了第三帝国；此一增加数字令纳粹当局惊骇不已，他们执行一项强制没收犹太人财产的政策，迫使45000人在6个月内离开。这项行动由阿道夫·艾希曼（Adolf Eichmann）领导，他在第二次世界大战结束后逃往南非，但在1960年时被以色列特工逮捕，于1961年在以色列接受审判，随后被处决。1937年时，艾希曼曾实地走访巴勒斯坦（Palestine），与当地的阿拉伯人领袖会面，希望能够迅速处理犹太人事务。1939年时，又有78000名犹太人被迫离开德国，但也因为纳粹德国兼并捷克斯洛伐克领土而增加了另外30000名犹太人。为了努力找寻愿意接受这些犹太人移民的国家，纳粹甚至与锡安主义（Zionist）组织合作，热衷于在欧洲以外的地方建立一个犹太人国家。

纳粹在20世纪30年代开始建立集中营。"集中营"（concentration camp）一词最早是在1899年至1902年南非战争［又称"波尔战争"（The Boer War）］的历史背景下出现，英军部队在当地"集中"荷裔南非人（Afrikaaner）的妇女和儿童，以防止他们协助波尔战士，大约有20000名妇女和儿童由于英国当局疏于照顾而死于营中。当希特勒上台后，他相当有兴趣为德国寻找另一种形式的集中营。他在当上总理之前曾对一位密友表示："我们一定要铁腕无情！我们一定要恢复我们纯洁的道德良心，不被情感左右，只有如此才可以涤除人民的软弱和情感上的庸俗……还有他们痛饮啤酒时的颓废乐趣。我们没有时间追求高尚的情操，我不希望集中营变成监狱。恐怖是最有效的手段，我不会只因为一大堆愚蠢的中产阶级窝囊废自作自受就改变这种想法。"

由于抱持此种思想，纳粹一上

台就迅速建立了集中营，公开宣称要"改造"政治上的反对者，并且把反社会人士转变为对社会有益的成员，这根本是胡说八道。1933年2月28日，纳粹通过一条法律，中止了德国宪法中保障个人自由的条款，之后就建立了三座集中营，分别是南方慕尼黑附近的达豪（Dachau）集中营、德国中部的布痕瓦尔德（Buchenwald）集中营和柏林附近的萨克森豪森（Sachsenhausen）集中营。集中营的第一批囚犯是犹太人和共产党员，但很快地，社会主义者、民主派人士、天主教徒、新教徒、和平主义者、耶和华见证人派教徒、神职人员还有甚至是持不同意见的纳粹分子就挤满了集中营。为了配合需求，纳粹还建立了其他集中营：拉凡斯布吕克、贝尔森（Belsen）、大罗森（Gros-Rosen）和帕本堡（Papenburg）集中营。当奥地利被吞并后，纳粹建立了毛特豪森（Mauthausen）集中营；然后是1939年在捷克斯洛伐克的波希米亚区域设立了特雷津施塔特（Theresienstadt）集中营；随着波兰被征服，纳粹接着在东方建立了灭绝营，以实施所谓的"最终解决方案"。

20世纪30年代时，集中营的状况已极度令人不堪。党卫军的警卫都是从纳粹分子当中挑选出的最顽劣之人，奴役挨饿且不时遭殴打的囚犯，直到超过他们体能可忍耐的极限。酷刑是家常便饭，而囚犯被分成四群：政治上反对纳粹主义的人、被归类是"劣等种族"的人、罪犯，以及被认为具反社会性格的无能者。第二群（也就是被归类是"劣等种族"的人）被清楚标示，以给予特殊待遇。罪犯又被分成两群：限期预防性监禁囚犯（Befristete Vorbeugungshäftlinge, BV）代表那些曾经进过监狱的人，以及安全管束（Sicherungsverwahrte, SV）囚犯，他们实际上是正在服刑的犯人。在德国社会中政治异议分子的范围，从收听非法无线电广播的听众，到那些积极反对第三帝国的人都算；至于"无能者"则包括同性恋者，他们被挑选出来进行恐怖的去势实验，以"矫正"他们的性倾向。

所有囚犯在衣物上的左胸和右腿部位都缝有布章，此外在许多集

↓图为1941年在巴黎举行的一场反犹展览。一旦战争蔓延，德国的反犹主义就扩散到被占领的欧洲地区。

海因里希·希姆莱
——党卫军太上皇

1.希姆莱视察武装党卫军部队。

2.希姆莱和他的妻子玛嘉芮特（Margarete），她比他年长7岁，并引起他对顺势疗法、催眠术和草药运用的兴趣。

3.就像许多纳粹分子一样，希姆莱在第一次世界大战加入陆军服役，于第11巴伐利亚步兵团中担任见习书记。

4. 希姆莱与帝国安全总局局长恩斯特·卡尔腾布伦纳
（Ernst Kaltenbrunner，右侧脸上有伤疤者）。

5. 希姆莱在1942年视察奥斯维辛。鉴于他在大屠杀中扮演
的角色，足以被判处绞刑，然而他于1945年5月被英军监禁
期间服毒自尽 。

6. 希姆莱在冰天雪地的芬兰视察驻扎于当地的武装党卫军
部队。德军部队与芬军联合对抗苏军，直到1944年。

7. 1944年，希姆莱与麾下的党卫军军官。到1945年时，武
装党卫军达到100万人之众，他的"事业版图"牢牢控制着
20座集中营和165座劳动营。

↑随着德国吞并奥地利，维也纳的犹太人被迫清洗市区街道。纳粹利用了奥地利浓厚的反犹主义倾向。

中营，犯人的左前臂会被刺上一个系列编号。所有政治犯的布章是红色的，罪犯是绿色的，"无能者"是黑色的，同性恋者是粉红色的，吉卜赛人是棕色的，而犹太人的布章则是由两个黄色的三角形组成的六角大卫之星（Star of David）。集中营里的外国人则由字母辨识，F代表法国，P代表波兰，A则是注明为劳动惩戒犯人（A代表Arbeit，也就是德文中"工作"的意思）。那些被视为"愚笨"的人则被加注"低能"（Blöd）；被认为可能有逃亡风险的犯人则必须穿着在前胸和后背处缝上红白标靶图案的衣服。

除了犹太人之外，在德国境内很少有族群得到的待遇会比吉卜赛人的还要残忍。吉卜赛人的两支主要族裔，辛提人（Sinti）和洛马人（Roma），于15世纪移居至德国，尽管有许多人皈依基督教，但这并不能保护他们免于迫害。同情纳粹的德国人把有关他们的每一件事都视为错误，像是蓬头垢面、四处流浪等，而且他们的风俗习惯及语言也和周遭的德国人格格不入，此外根据纳粹的新种族科学，他们被视为惯偷和惯犯。基于所有这些理由，吉卜赛人迅速遭到围捕，并被送进集中营。1939年9月，在柏林一场由海德里希主持的会议上，与会者一致同意通过一套针对吉卜赛人的种族灭绝计划，而他们就开始在集中营里遭到杀害。

可回溯至1871年的《国家犯罪法典》第175条详细表明，男性间的性关系是犯罪行为，须施以监禁惩罚。此条法律在魏玛共和国期间并未严厉执行，而在20世纪20年代，希特勒对于他的一些同性恋部下也是睁一只眼闭一只眼，当中最有名的就是罗姆，他是一位活跃的同性恋者。不过当罗姆的名声随着"长刀之夜"败坏，希特勒就支持以最严酷的方式来对待同性恋者。党卫军首领希姆莱宣布，任何党卫军成员被发现是同性恋者，就会"依照我的命令被送进集中营里，只要试图逃跑的话就会被枪毙"。希姆莱也负责建立一个所有已知同性恋者的中央档案室，还有一个负责打击同性恋的办公室。20世纪30年代末期，迫害行动脚步加快，约有15000名同性恋者被送进集中营里，许多人在营中遭到羞辱、酷刑，甚至被杀害。

"反社会者"

为了将某些特定行为入罪化，国家犯罪办公室于1938年以最普遍的方式，将"反社会者"定义为不适合融入所谓"人民共同体"的任何人，这些人包括流浪汉、吉卜赛人、乞丐、卖淫者、酗酒者和任何"不爱工作"、流浪及行为反常的人。有了这种一网打尽的分级方式，纳粹可以任意给某人贴上"反社会者"的标签，并把他送进集中营里，再加上防止遗传疾病后代法，不幸的"反社会者"甚至会被强制绝育。他们几乎没有恢复名誉的机会，只会一直被监禁，或是死路一条。

罹患精神疾病的人也被挑出来给予"特殊"待遇。纳粹长久以来一直想要灭绝他们，但是舆论强烈反对任何"安乐死"的计划（基督徒和许多德国教会对此特别反对）。1935年时，希特勒告诉帝国医师领袖瓦格纳博士，大规模杀害精神病患的计划必须等到战时才会比较容易执行，但不久之后，一位父亲在1938年将请愿书送交希特勒，他在信中要求结束畸形儿子的生命；由菲利普·伯勒（Philip Bouhler）为首的元首总理府的官员们决定，此一请愿书应呈交给希特勒，而不能只由部级官员处理。希特勒之后将决定权交给一位私人医师卡尔·布兰特（Karl Brandt），他随后成立了一个帝国严重遗传与先天疾病科学登记委员会。此一机构要负责处理由德国各地的医生、护士和助产士寄来的报告，他们等着了解要如何处理畸形儿。这些报告由三名医师以红色的加号（代表处死）、蓝色的减号（可存活）与问号（需要更进一步评估）进行评分，而得到红色加号评分的儿童就会被注射致命毒液进行"安乐死"。

精神疾病

盖尔达·贝恩哈特（Gerda Bernhardt）的家庭就是数以千计的"安乐死"政策的受害者之一。盖尔达最年幼的弟弟曼弗列德（Manfred）是个弱智儿童，当他10岁时，能说得出口的话不外是"妈妈"、"爸爸"，还有"希特勒万岁"——这是他引以为傲能够发出声的字眼。邻居建议最好是能够"抛弃"他，但曼弗列德的母亲坚持拒绝。最后在丈夫的压力下，曼弗列德的母亲同意将曼弗列德送往多特蒙德（Dortmund）一家叫阿波乐巴克（Aplerback）的儿童医院。贝恩哈特先生安慰他的妻子，说如此一来曼弗列德可以在医院的农场里和动物一起工作玩耍。曼弗列德的家人每两周就会去探望

一次，所有这一切都获得许可，但他们很快发现曼弗列德变得瘦弱且冷淡，不久之后便去世了。医院当局表示他的死是自然因素导致，但当盖尔达前往探视他的遗体时，却发现医院的太平间里有许多盖上白色床单的儿童尸体。

阿波乐巴克医院到底发生了什么事？保罗·艾格尔特（Paul Eggert）的父亲是个酒鬼，有暴力行为。小艾格尔特在11岁时被强制绝育，之后被送往阿波乐巴克医院，成为一名"少年犯"。差不多于曼弗列德去世同时，他就在那里。因为他不是精神病患者，所以他就在医院里里外外做些奇怪的工作。艾格尔特回忆，他在医院内把儿童的尸体推来推去，还有院内的一位资深医师维纳·森根霍夫（Weiner Sengenhof）如何在用餐时间"选择"儿童进行免疫注射，小朋友们都知道那些被选去进行"免疫注射"的伙伴再也不会出现。在诊疗室外，一名被护士强拉进房间的儿童大声呼救，紧抓着艾格尔特不放。艾格尔特在晚年忆起当时的情况："当我晚上躺在床上时，这些画面会一幕幕地在我眼前闪过，直到今日仍然历历在目。"在阿波乐巴克负责管理特殊儿童单位的泰欧·尼贝（Theo Niebel）医师一直在该单位服务，直到20世纪

←←1933年4月，官方展开抵制犹太人店家的行动。1937年时，犹太人的企业会在没有合法正当理由的状况下被没收。

↓鲁道夫·赫斯是纳粹党的第二号人物，直到他在1941年试图与英国和谈时古怪地驾机飞往英国为止。他最后在1987年死于施藩道（Spandau）监狱中。

60年代才退休。

纳粹对患有精神疾病的成人也进行类似计划。在六所经过挑选的精神病院中，通过特别训练的党卫军医师和护士小组从1939年年底开始准备实际的灭绝作业。成人病患被送进伪装成淋浴间的毒气室杀死，或是在机动的箱型车内用一氧化碳毒死（后者只是把汽车废气灌进密闭箱型车内空间的简易应急措施），接着这些尸体会交给特别建造的火葬场处理。新闻媒体很快披露了这些行动，接着就上演了可怕的场面，有部分精神病院的职员试图保护病人不被交给党卫军。病患的亲属们通知神职人员和司法当局，一名对伯勒提起犯罪诉讼的法官迅速办理退休。这些抗议多少有

些效果，来自天主教会高层的压力迫使希特勒在1941年8月取消灭绝计划，但在这之前已有70273人遇害。当德国人为"犹太人问题"寻找"最终解决方案"时，他们将会改良用来毒死精神病患者的毒气灭绝方法，而且规模也跟着扩大。

一般德国人对运用恐怖手段对付特定族群的看法又是怎样的呢？令人遗憾的是，当谈到要运用恐怖手段对付行为不标准者或是属于不标准类型的人时，此举得到大多数人的认可（而说德国人对此一无所知的借口并不可信，因为纳粹的恐怖手段具有高曝光率，被传播媒体记录，并由国家领导人在国会的演说当中赋予合法性），甚至连部分批评纳粹政权对政治异议者进行拘

↓图为奥斯维辛－比尔克瑙集中营的女性囚犯正集合进行点名。这些妇女的头发已经被剃光，然后会被刺上囚犯编号。

留或酷刑的人士，也赞同将诸如职业罪犯、吉卜赛人和同性恋者长期监禁。

不过对多数德国人来说，持异议并非一个选项，他们对于正在发生的事的唯一回应，就是闭上眼睛，因为纳粹在取得政权后，已采取各种方法来铲除异议分子。随着1933年2月德国国会大厦纵火案的发生（德国国会大厦在一场蓄意纵火中被烧成灰烬，这起事件对纳粹来说是上天赐予的礼物，他们利用这件事来巩固权力），当局颁布了一道暂时取消所有公民自由的法令，而此一法令在3月成为宪法条文，共产党在同一个月就被查禁了。纳粹强化了他们如钢铁般的控制，尽管缓慢但千真万确。希特勒宣布五一国际劳动节为"民族劳动日"，使该日成为有薪假日，这是德国工人们长期以来盼望的；然而在5月2日，纳粹就出动冲锋队，进行经缜密策划、有如军事行动般的作战，占领了德国各地的工会办公室，接着所有劳工组织都被并入德意志劳动阵线。

当然，攫取并维持控制权力并不只是通过各项法律和命令，在这些措施的背后就是运用恐怖手段。1933年的春季，冲锋队、党卫军、盖世太保和警察的旗下各单位，将城市和乡镇的所有区域封锁，然后挨家挨户搜寻（这些搜索行动都经过仔细策划，时常动员数百人），把整个封锁区翻箱倒柜地搜了一遍，连石头底下都不放过，以找出任何被认为反纳粹的人或物。威胁、殴打和滥捕伴随这类袭击行动而来，营造出可怕与无可奈何的气氛，随后盖世太保监视体系的发展使抵抗运动变得相当艰困且危险重重。"在1933年春季的纳粹恐怖后，再加上盖世太保监视机构的系统性发展愈来愈完备，抵抗运动只能由下定决心的少数人进行，'大规模抵抗'结构上的先决条件并不存在。"〔戴特勒夫·波伊凯特（Detlev Peukert）〕

↓图为一名德国犹太人佩戴黄色的大卫之星标志。自1941年9月起，德国境内的犹太人都被强迫佩戴此标志。

第9章
旋风般的胜利

在纳粹统治下，德国成为一个高度军事化的社会，希特勒为了满足他建立一支庞大陆军的愿望，再度实施了男性普遍征兵制。当德国陆军在1939年实施动员以进行作战时，其人数已经从1933年的10万名职业军人成长至将近400万人。随着战争持续进行，军事投资也跟着增加，伤亡数目升高，因此国防军愈来愈需要减少免服兵役的人数，以张罗人力来进行军事作战，不但入伍的年龄降低，征兵的范围也跟着扩大。到了1943年，德军一共武装了950万人，虽然实际的数字在之后由于持续增加的损失和不断减少的替补人力而降低，但在战争的最后几个月里，差不多任何男性，甚至还有部分妇女，只要是拿得动

←←图为巴巴罗萨作战期间，德军士兵在苏联迅速越过一列起火燃烧的火车。在战争的最初几年，国防军势如破竹，所向披靡。

↓1941年，大获全胜的德军在雅典（Athens）游行。

步枪，甚至仅仅是一支"铁拳"（Panzerfaust）反战车武器的都被迫入伍服役。在1939年至1945年间，大部分德国成年男子都会在国防军下的某一军种待上一段时间，实际情况就是这样，因此若要对这一段时期中的德国有任何了解，他们的经历就相当重要。

希特勒不希望英国和法国为了波兰参战，只希望他们对他提出的要求让步，反正他们在过去已经让步过那么多次了。他充满自信地预测："英国人将会弃波兰人于不顾，就像他们弃捷克人于不顾一样。"所以在1939年8月31日中午12时30分，希特勒胜券在握，为战争指导发布了第1号元首指令：

"1.现在对德国而言，局势已令人忍无可忍，用和平手段加以处理的所有政治可能性已消耗殆尽，我下定决心动用武力解决。

2.我们将进攻波兰。

进攻日期：公元1939年9月1日

↓图为1939年，由马匹拖曳的德军火炮穿越华沙市区。从本图中可以看得出来这座城市曾遭受德国空军的猛烈袭击。

攻击时间：清晨4时45分。"

当黑夜变长时，150万德军部队向德波边界上的攻击发起点移动。希特勒需要为他的行动找借口，因此就筹划了几场针对德国领土的"波军攻击"，当中首要事件是一场假想的袭击，目标是格莱维茨（Gleiwitz）的无线电站。穿着波军制服的党卫军官兵负责执行此一任务，杀害数名被麻醉的集中营囚犯以提供相配的逼真伤亡，此一行动的代号为"罐头商品"（Canned Goods）。党卫军指挥官阿尔佛瑞德·瑙尤克斯（Alfred Naujocks）在纽伦堡审判中叙述这起事件："8月3日中午，我接到了海德里希［安全警察（Sicherheitspolizei）领导人］发出的进攻代号，指示在当晚8时展开攻击。海德里希表示'为了实施本次攻击，向（盖世太保的）穆勒报告'罐头商品'。我如实照办，并给予穆勒指示把人（实际上在这个案例里并不是集中营的犯人，而是一位持亲波兰观点的当地人士）安排送到无线电站附近。我接到人，在无线电站的入口处把他放下来。他还活着，可是毫无意识。我试着把他的眼睛撑开，但我不能从眼睛只能从呼吸来确认他还活着。我没有看见任何枪伤，但他满脸是血，穿着便服。我们依照命令攻占了无线电站，并通过紧急发报机广播了一段3至4分钟的讲话，用手枪开了几枪，然后离开。"

现场照片被拍摄下来，而希特勒就于1939年9月1日在德国国会宣布："波兰常备陆军的部队在夜间攻击我国领土，我们已于清晨5时45分进行了回击。"第二次世界大战已经开始，冲突随即扩大。英国和法国履行它们对波兰的保证，于9月3日向德国宣战。

对德国来说，当胜利一场接着一场到来时，这是一段几乎没有间断的凯旋，然而没有几个德国人因为听到1939年9月1日的消息而感到高兴。美国记者威廉·许瑞尔在当天早晨的日记中表示："他们高谈阔论，每一个人都反对战争。一个国家怎么能在它的人民如此坚决反对的时候发动战争呢？"一名年轻的军人保罗·史特瑞瑟曼（Paul Stresemann）在回到波兰边界上的部队前为此感到心神不宁："我大吃一惊，并向我的双亲和女友道别。"家庭主妇海狄·布伦德勒（Heidi Brendler）虽然长期以来身为希特勒的支持者，却感觉到："这整件事是个相当糟糕的冲击，因为我们所有人始终都认为，政治人物们到最后会发挥判断力，就可以避免战争发生。我突然明白丈夫和哥哥都会陷入险境，我非常担心他们。"德国并没有出现像第一次世界大战爆发时那种为战争欢呼的

↑图为1939年9月，德军看守波军战俘。在长达一个月的波兰战役中，大批波军部队被迅速前进的德军战车包围。

人群，德国人民对希特勒宣战演说的回应，可由在克洛尔（Kroll）歌剧院里经过特别挑选的听众，比期望中更温和静默的表现出来。

这样的感觉并不限于一般德国人，甚至在纳粹党和军方最高层，许多人都对此非常关切。德国空军（Luftwaffe）总司令，同时也是纳粹最高层人士的赫尔曼·戈林压抑不住心中激动的怒火，向电话那一头的外交部部长约阿希姆·冯·里宾特洛普（Joachim von Ribbentrop）大吼："你得到那该死的战争了！这都是你干的好事！"然后猛地摔下话筒。德国海军（Kriegsmarine）总司令、海军元帅雷德尔（Erich Raeder）针对与英国进行海上战争的前景，有着一股悲观的不祥预感，他的确感觉多多少少被出卖了，并且在9月3日时记下："对英国和法国的战争在今天爆发了，但根据元首先前的主张，我们在1944年之前都不需

要去担心这场战争。"德国海军与计划中1944年时的规模相比还差得远，雷德尔不禁悲叹道："根本就没有适当的装备可以和英国大战一场。"而且"水面兵力……跟英军舰队比起来，不论在数量或战力上都如此缺乏和衰弱……他们所能做的不过就是展现出他们明白如何壮烈牺牲"。

陆军也表现得感同身受。准备好入侵波兰的第19军军长海因兹·古德里安（Heinz Guderian）将军回忆起："这不是什么后见之明，我敢断言陆军的态度确实非常严肃，要不是因为与苏联签订了条约（1939年8月23日签订的互不侵犯条约），难以预料陆军会有什么反应。我们并非轻松愉快地迎接战争，况且也没有哪一位将领不拥护和平方案。老一辈和其他成千上万的人都曾经历过第一次世界大战，他们明白如果战争不是只被局限在对波兰人的战役上，它将会意味着什么……即使打赢了战争，我们当中每一个人都会考虑到德军官兵的母亲和妻子，也会考虑到她们一定会被要求承受的惨痛牺牲。"

撇开特别的辩解不谈，我们不能指控古德里安就最后一点没有说实话。如同他提到的："我们自己的儿子都是现役军人。我的大儿子海因兹·君特（Heinz Günther）是

第35装甲团的团副官，而小儿子库尔特（Kurt）则被任命为少尉，在第3装甲师的第3装甲侦察营内服役，也是在我的军里面。"毫不令人讶异地，这份责任重重地落在古德里安的肩上。事实上，海因兹·君特在法国作战时不幸受了重伤。

德国在波兰需要一场迅速的胜利，以避免万一英、法两国在西线发动攻击而陷入两面作战的危险。德国陆军5个军团于9月1日入侵波兰，德国空军也在当天早晨轰炸华沙（Warsaw），波兰弱小的空军在地面上被摧毁，如同飞行员诺贝尔特·林米克（Norbert Limmiker）回忆的："事实上，我们在空中完全见不到任何战斗。"装甲部队根据闪击战（Blitzkrieg）的准则，在空军掌握空中优势的状况下，长驱直入波兰腹地，然而尽管如此，波军仍坚定不移地英勇奋战，证明自己是德军无畏的对手。战斗工兵军官保罗·史特瑞瑟曼描述一场战役初期于敌火下进行的渡河行动，无疑地，他相当尊敬敌手。"我们在各种武器装备上占尽优势，"他回忆道："即便如此，波军仍奋勇战斗。"虽然"怕得想吐"，他和部下还是朝河边移动："我们带着橡皮艇和木材拼命往前冲，波军枪炮齐发，顿时弹如雨下，这真是太吓人了……当我们直直地往河里冲时，爆炸扬起的尘土

从我们身旁吹过……当我们往更深的水域浮游时，就遭到一挺机枪猛烈扫射，离我最近的人当场就被打死，我眼睁睁看着他掉进河里漂走。我想我们的斯图卡（Stukas，即Ju-87俯冲轰炸机）一定已经攻击了敌方阵地，因为敌火减弱了许多，最后我们终于有了进展，搭起一座横跨河流的桥梁。几乎就在我们把最后一块木料安放在指定位置的那一刻，步兵们非常漂亮地一拥而上，越过桥梁，直到那时我终于能环顾四周，才发现指挥官和另外几个人早已不见踪影了。"

尽管波军表现英勇，但德国陆军依然冷酷无情地挺进，而党卫军的特别行动部队（Einsatzgruppen）就跟在后面，他们有系统地杀害波兰的专业人士，例如教师、医生、军官、政府官员，还有神职人员、贵族和犹太人。法兰兹·哈尔德（Franz Halder）将军在他的日记中语焉不详地提到："后勤：犹太人、知识分子、神职人员、贵族。"波兰人最后在1939年10月4日投降，但对史特瑞瑟曼来说还不够快："就个人而言，我已经受够打仗了，但我却不能操控自己的命运。"他的确无法操控自己的命运，而当德国在次年入侵法国时，他就可以亲眼见识到进展更快的战斗。不过他承认短期之内，德军在波兰的胜利得到了"家乡盛大庆祝会"的欢迎。

希特勒在西欧的第一场大规模战役，是1940年4月9日发动的入侵挪威作战，德军在大胆的联合作战行动中夺占了挪威各主要港口，以及位于斯塔万格（Stavanger）和奥斯陆（Oslo）的两座关键机场。不过计划并指挥这次作战的冯·法尔肯霍斯特（von Falkenhorst）将军是以较不正统的方式来准备这场作战的："为了知道挪威到底是什么样子，我去城里买了本旅游指南（Baedeker）……我毫无头绪，想知道那些港口到底在哪里，挪威有多少居民，以及这是怎样的一个国家……我根本不知道可以指望谁。"他手下的官兵也绝非没有目睹过激烈战斗，特别是在纳尔维克（Narvik），盟军在那里赢得这场战役中少数几次重要胜利之一。一名德军水兵和陆军同僚一起在岸上，描述他经历英军舰

↓图为1940年4月，德军部队在挪威境内挺进。英军、法军和准备不足的挪威军都不是闪击战的对手。

队预备射击的岸轰情景："所有的巨炮都喷出毁灭性的火舌，数以百计的炮弹毫无休止地落在一条铁路上，在隧道口前爆炸，发出如雷鸣般的巨大轰鸣声，不然就是带着骇人的嗖嗖声如雨点般落在福朗尼斯（Framnes）的峭壁上，在瓦斯维克（Vassvik）的房舍间爆炸，接着巨石带着震撼地球的轰鸣声，猛然滚下法格尔尼斯山（Fagernesfjell）的斜坡。在城里，就像在港口一样，法格尔尼斯和安克尼斯（Ankenes）岸边的木造房屋就像火炬一样地燃烧。每一次的爆炸……都有数以千计的碎片向四面八方飞射……整条海岸线……都被笼罩在厚厚的烟尘中，不时地冒出新爆炸产生的闪光。"

纳尔维克的德军认真考虑过穿越边界撤入瑞典境内，不过他们注

↓闪击战在西欧大显神威。摩托车侦察部队是战车部队的耳目，他们可以在1940年5月突破阿登地区的法军防线。

定逃过一劫；由于盟军在法国面临严重危机，英军和法军于1940年6月8日突然撤退。

在法国和比利时，德军面对着装备精良的英国远征军（British Expeditionary Force），而法国陆军在当时被认为是世界上最优秀的陆军，并且有坚固的防线作为屏障。然而德军在1940年5月和6月获得辉煌成功，装甲部队在那些防线上撕开一个缺口，并向西朝英吉利海峡的海岸奔驰，正是小心谨慎的事前准备和特别旺盛的干劲相互交织，才得以实现这些突破。

古德里安回忆起对贝尔福（Belfort）附近法国卫城的某一次攻击："我们运用的战术非常简单：首先是由炮兵进行一波短暂的炮击……然后艾金格（Eckinger）的军营（隶属第1装甲师）的官兵

坐在装甲人员运输车里和一门88毫米炮一起接近卫城，然后88毫米炮就立即在卫城前方进入射击位置；步兵因此在没有任何伤亡的状况下抵达卫城外的斜堤，并开始往上攀登，接着爬过壕沟，并登上墙的顶端，而88毫米炮……零距离向卫城开火。不久之后，在我方迅雷不及掩耳攻击的冲击下，这座卫城就要求投降……突击部队就开始进行下一个任务，我们的伤亡十分轻微。"

在整场战役中，伤亡的确相当轻微，大约只比1870年至1871年的战争伤亡少10000人。法国于6月22日投降，这不仅仅是胜利，而且是征服，德国人马上就有机会可以在咖啡厅里对法国女孩子试试蹩脚的法语。由于法国战败，占尽优势的德国人感觉他们几乎就要赢得战争的胜利，两则关于这段时期的描述就是很好的例子，不过他们马上就会恍然大悟。

莱因哈特·富许勒（Reinhardt Fuschler）是一名德国空军技师，他意识到："整体看来这是一场非凡的胜利，而当最后和平降临时，我们就能在法国乡间的草地上好好

↑图为1940年时，西线上的武装党卫军机枪小组。德军拥有较佳的领导力、训练和准则，因此能够击败英国和法国陆军。

放松一段时间。"他继续说，"每一个人都认为战争已经结束了。英国陆军已逃回英格兰，而且丢光了所有的装备，我们无法想象战争要如何继续进行。希特勒视察部队，不过我们没有亲眼见到他本人，然后他就返回柏林参加胜利大游行，因此我们也很想知道什么时候可以再度返乡。这段时间生活非常惬意，我借了一部脚踏车，四处游山玩水，饱览法国乡间风光，找到一位农夫愉快地和我们交换鸡蛋和蔬菜，因此对我们来说一切都很美好。"

德国空军飞行员维尔纳·巴特勒斯（Werner Bartles）是知名的王牌飞行员阿道夫·贾兰德（Adolf Galland）的僚机飞行员，他回忆道："（贾兰德）和我是法国投降后走在香榭丽舍大道（Champs Elysées）上的第一批飞行员，我们也计划好要成为走在伦敦庞德街（Bond Street）上的第一批飞行员。事实上，后来没过多久我真的到伦敦了，只是并非作为胜利者，而是战俘。"

在入侵英国前为取得空中优势而进行的战役，是德国第一次挫败，这场被英国人称为不列颠之役（Battle of Britain）的战役带来的冲击，无可避免地由德国空军承受。富许勒如此描述这段时期："1940年的那些夏日是个模糊的记忆，它们的样子都很像……我们在拂晓就起床工作，以确保每一架宝贵的飞机都在适合飞行的状态，而它们大部分也的确如此。我还记

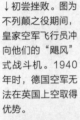

↓初尝挫败。图为不列颠之役期间，皇家空军飞行员冲向他们的"飓风"式战斗机。1940年时，德国空军无法在英国上空取得优势。

←德军在雪地里艰苦地前进，这景象让人联想到拿破仑的大军从莫斯科撤退。

得飞行员们的年轻面孔，他们的脸上充满信心，急着与皇家空军（Royal Air Force, RAF）交手。日复一日我们都焦急地盼望他们返航。战斗的第一天，地面上的我们在他们返航时清点数量，每个人脸上都充满紧张不安的神色，结果少了两架。"

当损失数量上升时，时间也从炎夏渐渐进入凉秋，"这场战役很明显地赢不了了"，而当不列颠之役慢吞吞地进行时，富许勒和同僚"明白我们已经陷入困境"。战役的步调变得愈来愈缓慢，休假的次数也变得愈来愈频繁。"冬天来临时我们都很好奇，当入侵英格兰的行动不再继续进行的时候，接下来会发生什么事。我有更多的休假可以回家，度过一个豪华无比的圣诞节，这是战争中最后一个可以好好庆祝的节日，一段可以呼朋引伴的美好欢乐时光，但未来有着许多的不确定"。

当德军部队于1941年4月6日蜂拥到南方时，紧接着他们在巴尔干（Balkan）半岛上获得更多迅雷不及掩耳的胜利，南斯拉夫在11天之内沦陷，希腊则差不多撑了17天。虽然胜利令人印象深刻，但这仅仅只是延迟了希特勒的真正野心，也就是他要粉碎苏联的战争。当击败英国的可能性在1940年变得渺茫后，希特勒于12月决定："由这些深思熟虑的观点来看，一定要消灭苏联，时间就在1941年春季，愈快击溃他们愈好，只有征服是不够的。如果我们能在一击之下彻底毁灭这个国家，本次作战才有意义。"希特勒表示这波攻势必须以单一、不间断的作战实行，他不打算重蹈拿破仑的覆辙，被苏联的冬天打败。作战将于1941年5月发动。

入侵南斯拉夫和希腊的决定将此一日期向后推到6月，不过希特勒感觉没有什么需要担忧，毕竟他已迅速击溃法国、英国、比利时和荷兰的陆军，而且他认为这几个国家的陆军在装备和组织上，都要比在1939年至1940年的冬天中对付芬兰人时表现差劲的红军要好。考虑到红军规模庞大，他将只需要规模大一点的陆军和稍微多一点的时间，因为这中间牵涉到遥远的距离，希特勒告诉麾下将领，苏联人"将会认为有暴风雨袭击他们"；他们被希特勒说服了，因为他在这之前已经说中了那么多次，但是以德国的情况来看，希特勒根本就没有足够实力能在5个月之内击败苏联。然而在一个引人注目的集体自我欺骗行为中——特别是在一群生性如此谨慎的人们之间——参谋本部就这么轻易改变了他们的评估，以证明可以在4个月之内获胜。这里可以再引述古德里安将军的话："我们到目前为止的成功……特别是我们在西方取得胜利的惊人速度，已经迷惑了最高层人士的心

智，使他们把字典里'不可能'这个词汇删除。国防军最高统帅部和陆军总部（Oberkommando des Heeres, OKH）里和我谈过话的所有人，都表现出坚定不移的乐观，面对批评和反对丝毫不为所动。"

陆军和空军被调到东线，以进行作战准备。就像古德里安一样，许多一般士兵都对这场战役感到有点半信半疑。保罗·史特瑞瑟曼回忆起1941年6月22日［代号巴巴罗萨作战（Operation Barbarossa）的入侵苏联作战发动当日］："在那既宁静又可怕的一天，当我们于拂晓前听取元首公告（宣布巴巴罗萨作战展开）时……我只想蜷伏在某个地方，逃离这一切。我可以跟你说，在我们之中没有哪个人故

↓图为一架在苏格兰上空被击落的亨克尔（Heinkel）He 111轰炸机，它是德国空军在不列颠之役中损失的1293架飞机之一。之后在东线，德国空军飞机的损失也十分惨重。

作勇敢或是表现出'主动进取'的精神。他们做好分内工作却毫无喜悦，即使当胜利来临时也一样。"

另一名年轻军官汉斯·贺尔瓦特·冯·毕腾菲尔德（Hans Herwarth von Bittenfeld）还记得："当我们首先进军苏联的时候，军人们已经有一股毛骨悚然的感觉。我待在一个团里面，里面一半是东普鲁士人，一半是巴伐利亚人，但不管是普鲁士人还是巴伐利亚人都一样，他们都对苏联国土的辽阔无际心存敬畏，这片土地一路延伸到太平洋，部队官兵一想到在苏联战斗的前景，一点热情都没有。"

他也描述了意识形态上的准备："有一次，某位宣传部的代表前来拜访我们并发表演说，事实上

←图为1941年，德军部队和战车通过苏联境内的一座村庄。巴巴罗萨作战初期的成功使德军能够深入苏联本土境内。

讲得相当好。为了试着让我们准备好面对横在眼前的挑战，他提醒我们日耳曼骑士在中世纪时也曾经东征过。我们安静地聆听，没有任何鼓掌喝彩。后来我们站在四周，演讲者对师长说：'说真的我很失望，因为我在这里看不见任何热情。'一名上尉搭腔：'先生，热情不是重点，但当我们接获命令战斗时，我们打得非常好。'从某种意义来说，这解释了德军前线军官的悲惨情况，我们尽了那该死的责任，但是从不相信对苏联作战能够获得最终胜利。"

国防军的确打得"非常好"。巴巴罗萨作战大部分就如希特勒预测的，给了苏联人暴风雨般重重一击，德国陆军在1941年夏季和秋季的进军令人眩目不已；当它在11月下旬抵达莫斯科郊区时，已经包围并击败了数以百万计的苏军部队。德国陆军的前进距离已达960千米，并俘虏300万苏军官兵，这可以说是空前的，其进军的速度也比现代历史上任何其他国家的陆军都要更迅捷，并且就在苏联首都的大门外摆出虎视眈眈的姿态。第11装甲师的一名通信军官华尔特·雪佛-柯内尔特（Walter Schaefer-Kehnert）为他的炮兵营绘制地图，以准备攻击："我测量到克里姆林宫（Kremlin）的距离，然后说：'搞什么鬼，如果我们有长射程加农炮的话，就可以炮击克里姆

↓1941年，苏军在莫斯科城外的反攻成功阻挡了德军前进。如同这张照片显示的，许多苏军官兵拥有成套的冬季作战装备。

林宫了。'"他的说法马上在炮兵营里传开，就在当晚炮兵营进行炮击时，"大伙儿们都……说着'我们正在炮轰克里姆林宫'"。德军侦察部队抵达了这座城市的外围，不过德军的补给线也已经延伸到断裂的临界点，而且他们的部队根本还没准备好在冬季作战，因为这场战役早就被认为已经赢定了。

12月4日，在一场大雪后，温度陡然降到零下34摄氏度，大部分德军装备就这样被冻住了。陆军士官约瑟夫·胡纳巴赫（Josef Hühnerbach）回忆："1941年酷寒降临的时候，我在苏联前线。我们在克林（Klin）附近战斗，离莫斯科40千米（30英里）左右。那个冬天冷得要人命，而我们到春天才取

得冬季制服，我永远也忘不了……到那时为止我们只有一般服装可穿，就只有一件长大衣、一双手套和帽子，而我永远都会记住希特勒说：'苏联人将会在8个星期后放下武器，我可以保证。'接着他就什么也没说了。在那之后，最后的结局终于降临，我们成为放下武器的那群人。"

↑图为1941年7月位于斯摩棱斯克市郊的德军部队。依据苏联的"焦土政策"，被包围的红军部队将这座城市彻底焚毁。

↓图为一名苏军俘虏从碉堡里现身。在东线战争的头几个月内，德军俘虏了超过300万名苏军官兵。

朱可夫的反攻

↓图为在朱可夫于1941年12月发动的攻势期间，苏军步兵在一座被收复的城镇中行军，他们身上的保暖穿着与前方地面上德军尸体的衣服形成强烈对比。

12月5日，当气温降低到零下40摄氏度以下时，苏军指挥官格奥尔吉·朱可夫（Georgi Zhukov）下令以他为防守莫斯科所保留的九个军团发动反攻。此时红军在其战线中央拥有718000人、7985门火炮和迫击炮，以及721辆战车，大部分是T-34战车。一名装甲兵卡尔·克鲁伯（Karl Krupp）解释："我就是在这群一流的西伯利亚部队投入莫斯科前线时才熟悉他们的……这些部队的装备十分精良，有毛皮大衣、毛皮帽，还有毛皮衬里的靴子和手套；相较之下，我们德军步兵（Landser）看起来就是一副可怜兮兮的样子，只有薄大衣，还用破布包裹脚或鞋子。我自己想办法弄到了一双俄罗斯毛毡靴

↑冬将军发威。苏联酷寒的冬季使德军官兵和马匹纷纷倒下。

子，是从一个阵亡的苏军士兵身上脱下来的。你想要靴子的活动作就要快，因为在那样的严寒中，人死后尸体立刻就会僵硬。"

尽管朱可夫的攻势并非彻底成功，但德军被赶回他们在11月时驻守的阵地，莫斯科也因此得救。在接下来的春季，德军重新展开攻势，再一次获得可观的战果，但国防军在莫斯科城外的停顿却是战争的转折点，从此之后不会再有更多"旋风般的胜利"。德军蒙受了巨大的战争损失，举例来说，在巴巴罗萨作战展开时，德国陆军拥有50万辆卡车，到了12月时已经损失掉其中15万辆，而另外有27.5万辆急需维修。

也许最后一段话应该留给一般士兵。卡尔·克鲁伯说："在莫斯科会战之后，我第一次感觉到事情开始不对劲是在我休假离开前线的时候。官方告知德国人民这样的灾难应该归咎于严寒冬季，而不是苏联陆军。嗯，其实对方也感受到相同的寒冷，但为了应付如此恶劣的环境，苏联人准备得更好，也更彻底。他们明白家园正在危急关头；另一方面，我们不只听闻够多的谎言，也目睹了后方和本土部队的松懈。我们的感觉是：我们完了。"

第10章

厄运的前兆

1941—1944年

陆军参谋长哈尔德将军提及，到莫斯科为止，国防军已有743112人在作战中阵亡、负伤或被俘，这个数字超过陆军战力的23%。他认为这代表了步兵战力的一半，因为伤亡数字当中的绝大部分并非发生在文书人员、伙房兵或驾驶兵身上，而是前线战斗部队，且德军的替补人员在这期间内少于10万人。这支过度延伸且疲弱的陆军于1941年12月遭到朱可夫指挥的大规模反攻痛击，尽管负责突击莫斯科的中央集团军重新振作并牢牢地坚守阵地，但莫斯科会战依然标志着战争中的转折点，东线的战争将不再有更多闪击战式的胜利，而是变成一场永无休止、不断损耗的顽强挺进比赛。这当中人员与物质数量的重要性和战术上的干劲比起来，就算不是更有价值，也被认为是不分轩轾。

苏联的冬天不但提早降临，而且不同于以往，来得更漫长、更寒冷。第106步兵师的亨里希·哈普（Henrich Haape）博士还记得："在这有如地狱般的严寒中，气息都凝结了，冰柱在鼻孔和睫毛上挂了一整天，在那里连思考都是一种努力，德国的军人们就在这里战斗……习惯和纪律驱策着他们，靠着一闪而过的直觉保持存活。当一个军人的心智变得麻木，当他的力量、纪律和意志耗尽的时候，他就会陷进大雪中。如果有人注意到他，就会踢他、掌掴他，直到他模模糊糊地体认到在这个世界的责任还没终了，然后他会摇摇晃晃地站起身来并摸索着前进；但如果他躺在倒下的地方，犹如躺在路边时被人遗忘，直到一切都已太迟时，寒风吹过他，每一件事就都变得毫无差别了。"

冬季服装终于在3月时开始送抵前线，但这根本就太迟了，骇人的冬季已导致大量人员、车辆和武器的损耗，不过战斗的暂时平息允许德军部队重新装备并做好准备，以便在1942年恢复攻势作战。4月时，希特勒决定集中兵力在南方前进，而在战线上其他地段仅采取守

←←图为面容憔悴的德军机枪手，地点在斯大林格勒。德军兵败斯大林格勒，成为战争中的转折点。

势。此一方案代号为"蓝色方案"（Plan Blue），其意图是要占领高加索地区（Caucasus）至关紧要的油田。德军部队被调往南方，于1942年6月28日展开规模宏大的攻势。这波攻势有那么一段时间就像巴巴罗萨作战的翻版，德军装甲部队先锋一路长驱直入，保罗·史特瑞瑟曼在攻势进行中时回到部队里，"攻势看起来已达到其所有的目标"。然而如同史特瑞瑟曼指出的，"无论我们占领了多么辽阔的土地，或是击毙、俘虏了多少'苏联佬'，还是取得了什么战利品，总是还有更多不断冒出来"。俄罗斯的大草原一路延伸，漫无止境，一望无际。就如同陆军元帅伦德施泰特（von Rundstedt）于1942年夏季说的："俄罗斯的广大吞噬了我

→图为陆军参谋长法兰兹·哈尔德将军。他因与希特勒在战略议题上意见不合，于1942年9月被免职。

们。"史特瑞瑟曼对此表示同意，并认为至少还是有可以感到庆幸的地方："虽然苏联的夏日非常、非常炎热，但还是比冬天该死的酷寒舒服太多了。"

德军以迅雷不及掩耳的速度向南奔驰，而斯大林格勒（Stalingrad）就坐落在德军前进轴线的左侧，因此希特勒在7月时将攻占这座城市列为优先目标，并将此任务交给弗里德里希·保卢斯（Fredrich Paulus）将军的第6军团，并由赫尔曼·霍特（Hermann Hoth）将军的第4装甲军团进行支援。9月初，保卢斯麾下的官兵已进抵斯大林格勒，然而斯大林下定决心要防守这座以他名字命名的城市，意味着德军在每一条街道都要付出代价，才能夺取这座城市。和史特瑞瑟曼不一样，许多德军官兵都认为胜券在握，第389步兵师的一名士兵在家书中写着："你绝对想象不到我们亲爱的摩托化部队伙伴们以飞快的速度前进，还有空军随之而来的轮番打击。当我们的飞行员就飞在头顶上的时候，这是多么棒的安全感！因为你连一架苏军飞机都看不见。我愿意和你分享一丝希望，只要斯大林格勒一落入我军手中，我们的师就是履行了责任，情况许可的话，不久之后我们应该就可以再度相见了。如果斯大林格勒陷落，南方的苏联陆军就会

被消灭。"

斯大林格勒没有陷落。巷战的代价格外高昂，而当第6军团被引往城市中心深处时，伤亡数字也不断攀高。安东尼·毕佛（Antony Beevor）在他对该战役的研究《斯大林格勒》（*Stalingrad*）一书中描述，当战役拖延时，德军部队面对的状况是："德军官兵由于艰苦战斗造成的疲惫不堪和为了哀悼比他们以往想象更多的同僚而双眼红肿，已经丧失了就在一星期前还充斥着的大肆庆祝情绪。每一件事看起来都不一样了，令人感到不安。他们发现炮兵在城市里更可怕，炮弹本身的爆炸不是唯一的危险，不论在什么时候，要是有一栋高耸的建筑物被击中，炮弹碎片和建筑物的石块就会像下雨一般从上方落下。在这个陌生的世界里，看着瓦砾堆和废墟等被摧毁的景象，德军步兵已经开始失去时间的轨迹，即使是在正午时刻的光线，都因为持续的烟尘朦胧而变得光怪陆离，有如鬼魅一般。"

这样的情况与发生在开阔乡间的会战截然不同，一名装甲兵军官写道："空气中充耳可闻俯冲的斯图卡如地狱般的咆哮声、高射炮和炮兵如雷鸣般的轰隆声、引擎的吼声、战车履带的咯咯声、发射器和'斯大林管风琴'（德军为苏军火箭炮兵取的绰号）的尖啸声、冲锋枪射击时枪机来回复进的嗒嗒声，而且每个人在任何一刻都可以感受到整座城市陷入熊熊大火时的热度。"

↑图为第4装甲军团司令赫尔曼·霍特上将，他担任向高加索长驱直入的攻击矛头，并参与了斯大林格勒之役。

第6军团戛然而止

希特勒因德军在斯大林格勒进展缓慢所感受到的挫折，导致他对陆军参谋长哈尔德十分沮丧，他认为哈尔德是一个过于谨慎的悲观主义者；另一方面，哈尔德则认为在谈到军事战略时，希特勒就成为一位危险的外行人。希特勒于9月24日告知哈尔德："你和我都为焦躁忧虑所苦，而我有一半的精疲力竭是因为你的缘故，这样子继续下去根本不值得。现在我们需要国家社会主义的激情，而不是专业的能力，我不能指望像你这样一位老派军官的热忱。"于是哈尔德去职，由更听话的库尔特·冯·柴兹勒（Kurt von Zeitzler）取代，阻碍希特勒日益无能的军事干预的一块大石头就此被搬开了。

然而国家社会主义的激情拯救不了第6军团。到了9月底，保卢斯和霍特的部队已拿下该市2/3的区

↓图为1942年6月围攻塞瓦斯托波耳（Sevastopol）期间，一名德国士兵俘虏两名苏军。德军在南方发动攻势，因而能占领位于克里米亚（Crimean）的该港。

域，希特勒就向德国人民和全世界宣布该市即将陷落，不过朱可夫在11月时突然设下圈套。他在该市东边秘密集结苏军预备队，并于11月19日指挥部队向位于第6军团侧翼的两个罗马尼亚军团发动猛烈突击，尽管罗马尼亚部队奋勇作战，但还是旋即崩溃，而红军因此能够在11月23日完全包围位于斯大林格勒的德军部队。保卢斯麾下有20个师，总兵力约25万人，他要求希特勒准许他率部突围，但遭到拒绝；希特勒向保卢斯保证将会立即重新建立联系，而在这段时间内将对第6军团进行空运补给。戈林向希特勒担保，他的空军每日可以运送305吨的物资给口袋内被包围的部队，但是德国空军每日却仅能设法运送91.44吨的物资。对在斯大林格勒的部队来说，情况日益恶化，一名年轻的中尉海因兹·芬尼希（Heinz Pfennig）回忆道："当我们被包围时，真正的麻烦就开始了。在12月的某个时候，我们开始面临口粮短缺的状况……我们的马铃薯只不过是干掉的马铃薯片。"当天气进一步阻碍空中运输补给行动时，情况就变得更糟糕，芬尼希接着说："在圣诞节时，我们每个人得到一大汤匙豌豆、两大汤匙干马铃薯做的汤和两块巧克力。我们没有冬季服装，而我们唯一能做的事就是在雪地里缩成一团，等着敌

人来抓我们。"

装甲兵弗里德里希·恩斯特·冯·索姆伯爵（Count Friedrich Ernst von Solm）的圣诞节大餐甚至更糟糕。"圣诞节真的够凄惨，"他还记得，"我们把猫和狗都抓来吃，面包只剩一点点，甚至连马肉都吃光了。"芬尼希也栩栩如生地描述了前线的生活："因为待在房屋的地下室里稍微温暖一些，所以我们在路障间发展出一套系统，当一或两个士兵坐在楼上观察四周状况时，剩下的人通通都带着武器在楼下缩成一团。负责守卫的人……如果发生任何状况，就会给我们一个信号。他们安排我轮值守卫，由于我用几块布把手和手腕包裹住（因为冻伤），无法紧握任何东西，所以他们就在天花板上挂了一个装有铁钉的袋子，如果我摇动那个袋子，就表示苏军正在接近，而我的同僚们就会从地下室的楼梯冲上来并开火。"

苏军最终还是扼杀了被包围的军团。第6军团的一名参谋军官耶思科·冯·普特卡默（Jesco von Puttkamer）描述了口袋里被围困的德军官兵之间听天由命的心态："我们虽然已经认命了，但还是继续战斗，因为根本就没有第二个选择。我在被孤立的北边口袋里，那里空无一物——没有弹药、没有口粮，根本什么也没有。我们眼睁睁地看着我

军全军覆没。有一个师长冯·哈特曼（von Hartman，第71步兵师师长）将军，他穿着两侧有将领饰条的军用长裤，走到铁路的轨道上，就这样一直站在原处，直到一颗子弹击中他。其他的人就像保卢斯一样，只是在碉堡里静静等待，直到苏联人从大门口走进来。再也没有什么英雄气概，甚至连痛苦都没有，剩下的就只有地狱而已。"

1943年1月30日，希特勒将保卢斯晋升为陆军元帅，口号在那一天依然传遍阵地的各个角落："我们决不会在民族革命（1933年1月30日）十周年纪念日当天投降。"如同海因兹·芬尼希一针见血地形容："这是悲惨局势里的自我吹嘘。"从保卢斯晋升一事当中推断出的结论十分清楚，希特勒希望他的部下自尽，因为从来没有一个德国陆军元帅曾在战场上被俘，但保卢斯还是在次日投降了。德军官兵缓慢地从碉堡和地下室里现身，走进战俘营中，那些受伤太重而无法移动的人，许多就被就地处决，一些第297步兵师的生还者遇到一名苏军军官，他指着四周的废墟咆哮着："柏林以后就会变成这副模样！"德国红十字会估计德国在斯大林格勒折损了20万人的部队，这些人当中约有13万人被俘，他们的命运令人感到难过，食物经常不足，但如同普特卡默所记得的：

"刚开始的几个月状况最糟，我们的弟兄就像苍蝇一样地死去，但是在斯大林格勒地段上的苏联人也没什么东西可以吃。"临时战俘营的条件非常糟糕，到处充斥着伤寒、白喉和痢疾，一名奥地利医生提到他对贝克托瓦（Beketova）战俘营的第一印象："没有东西吃，没有东西喝，当口渴难耐的时候，肮脏的积雪和跟尿一样黄的冰块就是你唯一的救星……每天早晨只会看见更多尸体。"

此一挫败使希特勒大为惊骇，古德里安发现他变了："他的左手不断颤抖，弯腰驼背，尽管双眼突出，但已失去先前的光彩，只是凝视着前方，呆若木鸡，双颊上出现红色斑点。"斯大林格勒战败代表希特勒这一生当中出现了相当大的转变，曾经带领他获得一次又一次胜利的好运现在看起来终于渐渐远离了，他因此更往后退回他的小圈圈里。是的，他在这次战败后只公开露面过两回。

从1942年年底至1943年年初，斯大林格勒只不过是一连串战败当中最严重的一次而已。北非沙漠里的德国陆军在阿拉曼（El Alamein）之役中被英军击败，正持续撤退；美军和英军也在北非登陆，进一步威胁轴心国在非洲大陆上的态势。英军最后也在大西洋对德国的U艇战斗中占了上风，如同U艇王牌埃里希·托普（Erich Topp）提到的："在接近1942年年底时，潜艇战面临严重的瓶颈，分别代表被摧毁潜艇数量和新造潜艇数量的曲线开始死亡交叉了；到了该年年底，我们被击沉的潜艇数量变得比生产的还要多。盟军技术的发展日新月异。"托普列出英军打破平衡的方法，比如护航船队制度、远程飞机，特别是雷达装备。"我们根本比不上盟军如此发达的科学技术"。英军也破解了德军的"谜"（Enigma）密码，这意味着"我们传送的所有东西都会被拦截……盟军不只知道在什么区域里有我们的潜艇，他们连每一艘潜艇的精确位置和航向都知道得一清二楚"。托普指出，如此一来结果就是"被击沉的货轮和U艇的比例是1∶1！"

一名U艇艇长霍斯特·艾尔菲（Horst Elfe）描述许多U艇在此一情况下的命运："那艘驱逐舰转过头，高速对准我的U-93迎面冲来。它的探照灯全开，舰炮对准我们进行夹叉射击，但没有一发命中……双方都全速前进，我吃力地打右舵，以避免被冲撞……英军驱逐舰"金星"号（Hesperus）快了一步，在全速下冲撞我们……我下令弃艇……艇员们站在指挥塔上，包括我在内，在潜艇沉没时全都落水了。我们损失了6个人……"金星"号转了回来，打开探照灯，从船尾丢出网子，缓慢地在落水者之间通过……英军舰长的传令兵把我带到甲板上，用一条羊毛毯包住我，还给了一杯后劲颇强的朗姆酒，又点了根普雷尔海军烟（Players Navy Cut）放到我嘴里。他试图安慰我，说'先生，请你放轻松'而不是说'你这个残忍的德国纳粹佬！'"与大部分德国潜艇官兵比较起来，艾尔菲可说是幸运得多，因为德国海军前前后后共派出4万人，只有不到1万人活着回来。

斯大林格勒战役也许稍微动摇了希特勒，但他依然深信他的军事天才，并持续指挥德军在东线的作战，希望可以在1943年进行内线防御作战。德军已相当成功地摆脱高加索的苦战，而红军反攻在库尔斯克（Kursk）附近战线上造成的突出部使德军有机会可以重创敌军；然而红军对德军的意图早已洞烛其奸，并着手将这块突出部变成一个巨大卫城，设置一条接着一条的雷区、壕沟和碉堡。在紧接而至的对抗中，90万德军与轴心国部队，加上2700辆各式装甲车辆，面对着1337000名苏军与3330辆战车，使这场会战成为历史上规模最庞大的战车会战。德军的攻击行动代号为"卫城"，于1943年7月5日展开。当德军部队面对准备周密的苏联守军挣扎着奋力推进时，这场会战旋即成为残忍的消耗竞赛。

库尔斯克的钢铁炼狱

德军大德意志师（Grossdeutschland）的官方战史翔实描述了战斗场景："大德意志装甲团和

↓图为阿拉曼会战后的德意志非洲军（Afrika Korps）士兵。在1942年年底至1943年年初，该场会战是代表战争转折点的几场严重挫败之一。

战争转折点
——斯大林格勒

1.燃烧中的斯大林格勒。1942年8月，德国空军试图以猛烈轰炸"软化"苏军防务，但斯大林下定决心不惜一切代价防守这座以他名字命名的城市。

2."斯大林格勒巷战学院"中的两名德军士兵。市区巷战与国防军擅长的开阔乡野间的机动战截然不同。

3.德军部队深入这座城市。

4.尽管第6军团费尽一切努力，红军仍死守其在该市的危险立足点。

5.1942年11月23日，朱可夫的攻势包围了第6军团，因此该军团只能通过空运补给。

6.苏军战俘将物资搬下Ju-52运输机。戈林承诺每日运送300吨补给物资，但德国空军仅设法做到每日运送90吨而已。

7.陆军元帅弗里德里希·保卢斯，他的第6军团在斯大林格勒会战中全军覆没，折损了20万人的部队。

'豹'式战车（Panther, 德军的新型战车）旅应该要发动攻击……但是他们却不幸闯入一个到那时为止都未被注意到的雷区，之后甚至遇上了苏军的壕沟！这已经够令人作呕了，士兵和军官都一样害怕自己会完蛋。战车很快就被困住了，其中有几辆的履带卡住，而更糟的是苏军不断地用反战车步枪、反战车炮和火炮射击。这时有件事把我们彻底搞糊涂了，轻步兵们在没有战车掩护的状况下向前推进，战车无法跟上的话他们能做什么？敌军一注意到轻步兵落单的危险状况，便立

即发动由多架密接支援攻击机支援的逆袭，大德意志装甲团第3装甲轻步兵营的几个步兵连……就这样踏上毁灭之途。即使是重装连在短短几个小时之内就有50人阵亡和负伤。工兵及时上前，并开始在地雷密布的雷区中清出一条路来；在第一波战车和自走炮穿过雷区抵达步兵身边前，已过了10多个小时。"

当霍特第4装甲军团的700辆战车与罗特米斯特罗夫（Rotmistrov）将军的第5近卫战车军团800辆战车在普罗霍罗夫

←←图为大西洋中的一艘Ⅶ型U艇。因为U艇无法切断大西洋的补给线，美国便可以向英国运送大批援助物资。

↓图为1943年7月，库尔斯克会战中精锐的大德意志装甲掷弹兵师。大规模的装甲部队冲突对德军来说是一个战略失败。

卡镇（Prokhorovka）附近爆发战斗时，这场会战在7月12日达到最高潮。一波波苏军T-34战车推进到零距离射击的位置，使得战斗恶化成一场大规模混战。苏军将领基里尔·莫斯卡连科（Kirill Moskalenko）这样描述此次战车战：“实在说不上到底是谁在攻击、谁在防守……根本没有空间可以机动，战车兵们被迫进行零距离射击。许多村落和高地反复易手，敌人的损失非常惨重……（而且）不得不采取守势……纳粹曾梦想在4天之内抵达库尔斯克，但在头11天的战斗中，他们突进深入的距离却还不到我军防线的一半……”

在普罗霍罗夫卡之后，卫城作战几乎没有成功的可能性，重整过后的德军装甲部队已经被挥霍掉了，其预备队在一场大型消耗战中损耗殆尽，却没有获得什么战果。希特勒取消了7月17日的突击，因为他把注意力转移到英美联军入侵西西里（Sicily）的行动上。古德里安这么总结了库尔斯克会战的意义：“由于卫城作战的失败，我们遭到了一次决定性打击。呕心沥血再次编组并重新装备的装甲部队在人员和物资方面都损失惨重，未来很长一段时间之内都无法再度运用。现在有疑问的是他们是否能即时复原以防卫东线，至于是否能够将他们用来防御西线，以对抗明年春季的盟军登陆威胁，更不无疑问。不用说苏联人会把他们的胜利发挥到最大效果。以后东线上不会再有片刻平静，从现在开始敌人毫无疑问拥有主动权。”德军在东方将不会再前进了，从库尔斯克以后注定节节败退。

苏联长久以来要求西方的英国和美国等盟国在法国开辟第二战场，以解除苏联在东方的压力。到了1944年的夏季，时机终于到来。盼望已久的反攻法国——历史上规模最庞大的两栖作战——于1944年6月6日进行，代号为“大君主作战”（Operation Overlord）。由于德军已预料到盟军将会入侵，因此准备法国的防务已有一段时间，陆军元帅艾尔文·隆美尔（Erwin Rommel）指挥的集团军防区囊括了预期中的入侵地区，他认为一定要在滩头阻挡盟军，并表示：“敌军最弱的时候，就是他们正从水里爬上岸的时候，不但充满不确定感，而且很可能已经晕船了，甚至连地形都不熟，也还没有重兵器可用。我必须在这个时候击败他们。”隆美尔不断视察海岸线，激励手下官兵加倍努力来准备防务。他在1944年5月11日视察第709师在科腾丁（Cotentin）半岛上的阵地，还记得这次视察的部队官兵回忆起隆美尔情绪不佳，通常具备的机智风趣和领导魅力已不复存

→→1943年7月，库尔斯克突出部中的苏军 T-34 战车。红军的反战车防御和装甲预备队击败了德军的“虎”式和“豹”式战车。

↑图为B集团军司令艾尔文·隆美尔元帅于1944年D日登陆前视察法国境内"大西洋长城"（Atlantic Wall）的其中一段。

→→图为美军部队在英国港口上船，为D日登陆进行准备。盟军部署了大量火力，以支援他们在诺曼底的反攻。

在，"甚至不曾分发香烟"。阿图尔·杨科（Arthur Jahnke）中尉是一名东线的老兵，曾获颁骑士十字勋章（Knight's Cross），他带着这位陆军元帅逐一检查各项准备工作。隆美尔突然要求："中尉，让我看看你的手。"杨科脱下灰色鹿皮手套，让他仔细瞧瞧结了老茧的双手，他在苏联时很快就学会了处理电线和使用挖掘工具，隆美尔点点头："干得好，中尉，军官在挖掘时所流的鲜血，就跟在战斗中流的一样有价值。"然而即使受了伤，杨科依然

关注防务的状态。

第二战场

他们得忍受长达数周的预备轰炸。杨科在圣马丁·德·瓦赫维勒（St Martin de Varreville）的炮台调查轰炸效果，保罗·凯瑞尔（Paul Carrel）曾于他一篇记录德军在诺曼底的经历、名为《入侵！他们来了！》（Invasion! They're Coming!）的报告中提到："不是一颗石块叠在另一颗石

块上，而是整个阵地连同火炮都灰飞烟灭了。"杨科的下士海因（Hein）总结了这整个状况："前景的确一片光明——假如他们办得到的话。"1944年6月6日午夜刚过一刻后，第一批美军和英军伞兵就在诺曼底上空跳出运输机，在科腾丁半岛上空跳伞的美军共有17000人；到了1时50分，德军海岸雷达捕捉到的影像，就如同通信兵资深中尉魏利森（von Willisen）向西群海军司令部参谋长霍夫曼（Hoffman）将军形容的："阴极

线管上出现了非常多目标……唯一的可能就是入侵舰队……入侵行动展开了。"

尽管陆军指挥官不敢相信，不过盟军大规模的海军岸轰，无可争议地宣布了入侵行动的开始。一名驻守在阿罗芒什（Arromanches）的步兵罗伯特·弗格特（Robert Vogt）回忆："就是在凌晨2时30分左右，我一听见巨大的爆裂声响，就马上从床上跳下来。刚开始我根本不知道发生了什么事，当然我们早已预料到会有什么发生，但

↓图为德军的自走高射炮在诺曼底作战。在1944年的法国战役期间，西方盟国拥有几乎完全的空中优势。

在哪里、在什么时候却毫无头绪。我们不知道这就是入侵行动。在远方，我们听到盟军对整条海岸线和后方地区进行地毯式轰炸。不论在哪里都会有长达半小时至一小时的间歇暂停，但我们所在的地区根本就是一团糟。"

到了实际登陆行动展开的时候，弗格特已在滩头上就定位，守军开火了："然后有个声音呼叫：'敌军登陆艇正在接近！'我在峭壁顶上的视野很好，于是就往海面望去。眼前的景象把我吓得屁滚尿流，即使天气如此糟，我们还是可以看到一大批船舰，视线所及之处全是大大小小的船只，一整个舰队！而我心里想着：'我的天啊，现在我们完蛋了！我们毁了！'"

压倒性火力

这是一场与东线不同的战争。红军在人力的运用上非常浪费，愿意付出高昂代价发动大规模且坚决的攻击，也喜爱近距离战斗，特别是在斯大林格勒。在西线的英军与

↓1944年6月6日，英军部队涌向诺曼底的滩头，盟军随即在当地建立了强大的滩头堡，希特勒现在得面对东、西两线作战。

美军则极为依赖他们的优势火力，弗格特相当完整地概括叙述盟军的态度："盟军能够承受放着有装备优势的部队不用。他们说：'面对德军步兵的火力，我们为什么要牺牲美国大兵的性命？无论如何，德军在哪一方面都胜过我们。不，我们只需要对他们进行地毯式轰炸，只需要飞行员从他们头顶的天空上扔下炸弹，也只需要利用占优势的炮兵火力。'"

装甲教导师（Panzer Lehr）的命运就是盟军火力压倒性本质血淋淋的例子，经过长达49天的持续奋战后，该师仅剩下2200人和45辆可用战车。到了1944年7月25日，该师正好位于美军攻势即"眼镜蛇作战"（Operation Cobra）的建议发动地点前，该次作战的目标是打破德军在法国的态势。那天早晨，一波波的美军P-47雷霆式（Thunderbolt）战斗轰炸机袭击该师，每次50架，每两分钟一批，它们扔下高爆弹和凝固汽油弹；在它们之后则是400架中型轰炸机，挂载500磅炸弹；最后，1500架B-17"空中堡垒"（Flying Fortress）与B-24"解放者"式（Liberator）重型轰炸机携带总重达3300吨的炸弹进行攻击，它们毁灭了一切，许多战车被爆炸的威力抛到半空中。在这之后，又有300

↓图为1944年时在法国境内被击毁的"虎"式战车。即使是德军最重型的装甲巨兽，所能做的只不过就是拖延西方盟国势不可挡的进军。

架P-38闪电式（Lightning）战斗轰炸机扔下了杀伤弹和凝固汽油弹，装甲教导师有将近一半的人员在空袭中阵亡；飞机才刚飞走，1万门火炮就接着进行猛烈炮击，又使另外数百人阵亡。该师师长弗里茨·拜尔莱因（Fritz Bayerlein）将军是一名北非战场的老兵，他稍后告诉俘虏他的人，那天早晨是他在战争中最糟的经历，当他接获守住阵地的命令时回应："每一个人都在顶住防线……每一个人。我的装甲掷弹兵和工兵、反战车炮炮手，他们都拼命地顶住，没有人离开岗位，一个也没有。他们躺在散兵坑里，一动也不动，也没有发出任何声音，因为他们已经死了！死了，你明白吗？告诉元帅〔即取代隆美尔的克鲁格（von Kluge）〕装甲教导师已经被歼灭了，只有死人可以继续坚守下去。"犹如要强调重点一般，附近一处弹药堆栈被一架战斗轰炸机击中，爆炸波及他所在的建筑物窗户，拜尔莱因所言不虚。

在所有的战线上，战争的走向明显地变得对德国不利。1944年6月，苏军发动了一波大规模攻势〔代号"巴格拉基昂"（Bagration）〕支援大君主作战，结果苏军兵临华沙城下，并于1945年1月进入东普鲁士。西方盟国尽管因为夺取莱茵河（Rhine）上桥梁的空降作战在阿纳姆（Arnhem）遭遇灾难性失败而暂时受阻，但仍持续向第三帝国边界稳步推进。一名德国伞兵齐格菲·屈格勒（Siegfried Kügler）在1945年年初被俘，他回忆起美军的物质力量："美军向莱茵河进军，当我们看着面前通过的每一样东西，火炮、战车和卡车，嗯，我必须说我完完全全气炸了，心里想着：'你怎么能对这样的一个国家宣战？'我们扪心自问，'希特勒那家伙难道没学过地理或是什么的吗？'不管美国军人的表现是好是坏，光是他们的装备就足以赢得战争。"

不过这些战役也证明了德国军人是技巧熟稔的对手，他们接受的训练是运用主动权来利用各种战术局面，而对年轻指挥官来说更是如此，上级允许他们展现个人的积极主动和行动自由。德国陆军就是借由这种方式，才有能力抵抗盟军的数量优势，并延续战争。

第11章

本土战线：工业与生产

德国是欧洲大陆的经济火车头，也是轴心国的工业中心，还是它们当中唯一一个在任何程度上几乎都能够和有巨大输出的苏联与美国在经济上相匹敌的国家。在1939年至1941年令人震惊的军事成功后，纳粹德国掌控了被占领欧洲地区的资源和生产设备，比利时、荷兰、法国、卢森堡、丹麦和挪威的原物料和工厂全都在德国的统治下。然而盟国在几乎所有军事装备领域的生产持续超越德国，且到了1942年年底，他们生产的飞机和战车数量是德国的3倍。没什么人会去怀疑在整场大战期间，德国生产的武器装备数量，要比它在物质、人力、技术和科学能力等方面拥有的资源，以及其生产能量所能容许

←←图为德国的外籍劳工。在战争期间，德国工业被迫愈来愈依赖外籍劳力。

↓图为德国男性被征召挖掘防御工事，这类工作使得工业所需要的人力捉襟见肘。

的少许多。无可否认，英国、苏联和美国的确更易于取得大量资源，但这并不只是原物料和制造能量间平衡的问题，也包括其他因素在内。直到1943年，尽管英国的经济规模较小，却在几乎所有武器系统的生产上超越第三帝国；在1942年时，苏联丧失了1/3的铁路网，铁矿、煤炭与钢铁的供应也因为德军横越其领土迅速推进而少了3/4，苏联的工业基础甚至缩减到比英国的规模还要小，不过其生产量在1942年至1945年之间却是德国的1.5倍。如同历史学家理查德·奥

维利（Richard Overy）提到的："然而许多的统计数值也许会模糊政策与环境间的区别，但这依然是显著的对比。如果局势改变，德国人打得好一点的话，就可以避免从1944年开始的无止境损耗。"

然而在战争开始之前，在面对即将爆发的经济冲突时，德国很可能比任何其他欧洲国家做了更好的准备。德国在1933年展开再武装，并在1936年之后加快脚步，不过就再武装的等级而言，欧洲的战争对国防军来说提早了3至4年展开。虽然希特勒在战争爆发后动员了兵工

↓ 图为不来梅（Bremen）的U艇组装工厂。尽管德军对U艇的建造给予高度优先权，但U艇在大西洋之战中的损失却超过补充数量。

↑图为了战时经济，德国妇女搜集玻璃瓶。所有的交战国都会将回收的家庭用品拿来用在至关重要的军备生产中。

厂和民间工业，但在试图弥补差额时，却没有为了准备打一场长期战争而进行经济总动员，在此引述《牛津第二次世界大战指南》（ *Oxford Companion to the Second World War* ）一书中的说法："在承平时期的战争经济（从1936年8月开始）后，随之而来的是类似和平时期的战争经济，商业交易基本上就跟往常一样普遍。"

不过到了1941年夏天，德国有超过一半的劳动力都在从事和军事建设有关的工作；在1941年，此一投入的程度比英国要高，且在整场战争中都比美国还高。除此之外，如同上文所提到的，德国还能更方便地取得被征服欧洲地区的资源，包括几乎全欧洲的煤炭和钢铁工业，还有被征服欧洲大陆的劳工和生产能量；然而军备的输出在战争爆发两年之后，只比在刚开始时高一点。不过在1941年中期，希特勒准备发动巴巴罗萨作战，这将把他拖进一场面对苏联的可怕消耗战中，在那场战争里，生产能量和经济输出就算没有比战场上的技术更重要，也可与之相提并论。

一个如同20世纪中期的德国一样进步的经济体，之所以无法在最初几年扩大生产规模有许多原因。德国的官僚体系杂乱且单调，而且缺乏单一的中央管理机构负责协调战争时期的工作。帝国防卫部长会议于1939年8月成立，由赫尔曼·戈林负责，它也许可以在协调民间、军方和工业需求一事上扮演有用的角色，然而却在举行六次会议后宣告解散，因为希特勒已将对工业方面的许多权力一把抓在手上，戈林不想和他发生冲突。虽然希特勒能够下令生产他认为有需要的武器类型，但没有一个中央计划的经济，其计划的实行多少会有点不稳定，这里再次引用奥维利提到的："在元首和工厂之间并没有直接的指挥系统。在他们中间设置了一个由各部、全权代表和党委员组成的工作网，每一方都有其机关组织、利益和陈词滥调，产生比寻常官僚政治更严重的迟钝；在此一指挥体系的末端是一个企业社群，他们当中大部分仍执着于企业家的独立性，并怨恨混乱的管理制度、腐

↓尽管有这类照片，但德国战时经济的其中一项重大缺陷就是未能动员妇女，因为纳粹认为她们的领域应该在家庭里。

败的纳粹党党工、永远填不完的表格，他们原本会做出可改变战争经济的自发性努力，却被以上这些乱象抑制。"

德国人从未真正掌握量产的现代化概念，德国武装部队传统上会与小公司和技巧纯熟、能够生产精密军备的技工合作。德国工业的确总是在高品质的精良工艺和先进科技等方面略胜一筹，然而发挥这些优点却需要时间和资源，以及进行高品质生产时的精密度。德军五号"豹"式战车的技术条件杰出无比，是一种最高等级的武器系统，但需要花费时间来生产，这可以通过生产方式来说明：举例来说，下萨克森汉诺瓦机械厂（Maschinenfabrik Niedersachsen Hanover）忽视在美国普遍采用的量产方法，"豹"式战车不是在西方国家和苏联喜爱的"亨利·福特"式生产线上制造，而是会在各站之间移动，于每一站执行特别的作业，此举确保了绝佳的工艺，但并非快速生产。

对工人们来说，在紧密控制的纳粹国家制造劳资纠纷不是一个好选择，如此一来确保了生产不会因罢工而中断。一名金属工人威利·艾尔巴赫（Willi Erbach）回忆道："你什么也不能说，工厂的管理人员总是站在背后。从来就没有这么糟糕过，我们甚至会对所有

↑图为1944年时工作中的奴工。因为纳粹政府不愿善加利用本国劳力，所以被占领的欧洲国家看起来就得填补此一需求。

这一切采取将就态度，如果你辞职，你接下来要做什么？你考虑到生活中的享受……在那时，公司里没有任何冲突，每一个人都是德意志劳动阵线的一员，因此你不能冒任何险……因为有严格的控制，当你在做你的工作时，并没有任何冲突，只需要把你那一份工作做好。你知道德国人的手工艺技术，在过去很好，在今天也是一样——我希望今日也能一样好，毕竟你想要赚钱。"

由于早期的罢工企图都遭到警方无情镇压，因此艾尔巴赫的态度是可以理解的。反抗的人通常要在达豪集中营忍耐一段时间的"不愿工作再教育"，然而他们却能够以轻微但更加难以捉摸的形式加以反抗，以回应较长的工时、薪资冻结，以及德国工业持续追求提高生产量所带来的工作条件日益恶化状况。长时间工作带来的沉重负担导致了受雇员工生病者急速增加（不论是真的生病或装病），使得工作中发生意外的次数增多，在部分关键产业，生产力甚至不升反降。旷职与不守纪律的状况十分普遍，警察与盖世太保愈来愈习惯于对抗这些行为。不满的情绪滋长了。1941年的春天，伍尔茨堡的保防处

（Sicherheitsdienst, SD）描绘出一幅关于劳方言论颇为单调无味甚至带点凄凉的写照："在劳动阶级的某些部分并不平静，又可以再次听到'诈骗'这个字眼：即使我们赢得战争，人们也不会有什么事情可以感到快乐；我们屡屡受骗；对英国来说是缺点的东西，就被认为对我们来说是好的；当其他人挨饿时，有些人却变胖了；工人的妻子们被征召服勤，但高级公务员特别是军官的妻子们却依然过着如同往常一般懒散的舒适生活。'废话满天飞'的状况比第一次世界大战时还要严重，大部分人都因为一肚子怒气而感到不快，该是停止诈骗的时候了。"

劳工短缺

由于国防军征召愈来愈多人入伍，导致长期劳工短缺。纳粹政权看到了两种可能性，一种是延长工时并抑制薪资，但此法并不十分成功；第二种可能性就是利用新的人力资源，在纳粹德国有两种劳工来源可加以运用，也就是妇女和外籍劳工。在美国、英国和苏联，大规模动员妇女结果证明是一套极为成功的方式，德国却未如法炮制。因为纳粹的意识形态强调妇女应该扮演好妻子和母亲的角色，而不是工

↓图为德国工人在一座兵工厂中辛苦工作。一般来说，德国军备工业设备不足，无法满足总体战的大量需求。

人，但并未全心全意鼓励妇女投入工厂生产工作的结果就是失败。到了1941年对苏战争前夕，德国工厂中雇用的妇女人数仅仅比战争开始时高了一点。直到1943年为止，在德国经济领域活跃的女性数目都未超过1939年5月的水准，当时希特勒的属下好不容易才推翻他的反对，征召妇女从事战争工作。所有的公民都必须进行就业登记，但妇女们发现还是可以轻易地逃避就业，因为官员们通常不愿施行强制执行措施。许多女性纳粹分子对此绝望，她们所支持的是一位把健全的家庭摆在纳粹意识形态核心的有力领导人，因此她们认为这项政策逐渐削弱了，毕竟纳粹政策主张妇女的主要功能是为国家哺育儿童，如同教育部的一位女性高阶纳粹党员奥古斯特·瑞柏-古鲁伯（Auguste Reber-Gruber）吐露的："噢，要是我们的死对头看到党那么恶劣地对待妇女，他们会有多高兴。"

德国的战争生产极度倚赖外籍劳工，雇用的数目远比妇女要多得多，到1944年时，外籍劳工的数量达到工业生产力的21%，然而外籍劳工却无法真正取代技巧熟稔的德国工人。德国人也会利用集中营的劳力，在1944年，他们的数目从3万人上升到30万人，不过外籍劳工

↑图为大工厂内的德国劳工正在防空避难所内休息。当盟军加强对德国的轰炸时，这类的防空避难所也变得愈来愈不可或缺。

的工作条件与德国工人完全不一样，集中营的囚犯会在骇人的工作环境中劳动，直到死亡为止。战后的纽伦堡大审将此形容为"通过工作消灭"的政策。东方人的劳工，像苏联人和波兰人，就算没有工作到死，也会遭受虐待。来自丹麦和法国这类国家的劳工不会受到如此可怕的待遇，但即使是他们也生活在肮脏污秽的环境中，薪资微薄，还会受到德国工人的威吓欺凌，但德国工人在德国工业区中的工作条件也每况愈下。

希特勒已承认军方干预工业的

→图为一家德国工厂内的外籍劳工。外籍劳工是额外劳力相当有用的来源，但还是无法真正取代技巧纯熟的德国工人。

问题存在，他痛斥军方以不必要的复杂要求加重生产负担。希特勒想要"更简单且健全的产业结构"，以及引入"简化流程量产"的方式，然而阿尔贝特·施佩尔出任军备部长时，完全发挥了德国工业生产潜力。他建立了一个中央计划委员会，把军备的生产合理化，关闭小公司，并将释放出来的熟练劳工重新分配。他在国家的层级上决定原物料和资源的配置，为主要的武器系统建立连锁的生产体系，同时计划、监督所有的军事生产。施佩尔的改革促成效率、协调和管制等方面的大幅改善，也设法降低军方在战争经济中的角色，因为军方介入了武器的发展和制造，并大幅延缓了货品生产。希特勒注意到此种干预意味着他的工业家"总是在抱怨这种小气的程序：今天订购10门榴弹炮、明天订购2门迫击炮等之类的"。军方的干预意味着德国工业由于相互抵触且复杂的要求而丧失了优越感，如同1944年一群来自瑞希林（Rechlin）的德国工程师所抱怨的："没有人会极其相信如此不充分、笨拙、混乱、不适当的权力，无法承认事实与背离常理等的状态竟然可以存在。"施佩尔成功地将军方排除在战争经济体系之外，并准许由业界的工程师来主导生产作业。

盟军大轰炸

唯有盟军轰炸在1944年夏季取得的成功，才拖累了德国的生产体系，最终导致其崩溃。盟军轰炸的

↑集中营的囚犯也是奴工的一个来源。在政策主导下，集中营的囚犯被迫在恶劣的条件中劳动，直到倒地死去为止。

效果可分为两个方面。首先，轰炸行动直接使生产作业停顿、产量降低，轰炸命中工厂，降低生产速度。美军的日间轰炸和英军的夜间空袭也对工业地带周边的城市或工厂有所影响，自来水、瓦斯和电力的供应不是被扰乱就是被切断，铁路线和公路也一样，许多规模比较小的零件生产工厂也可能会被轰炸波及。许多这类的损害都会迅速修复，并于数个月、数周甚至是数天之内重新展开生产作业。

然而除了这些以外，轰炸也产生了间接的效果，它不仅动摇了劳工的士气，民众的身心状态也持续紧绷，使他们筋疲力尽无法振作。一位德国平民说："根本没有人能习惯这些空袭，我希望这一切能赶快结束。我们全都提心吊胆、睡眠不足且情绪紧绷。当人们听到第

↓图为1944年盟军轰炸一处铁路货车调度场的战果。盟军的轰炸不但扰乱了生产，也阻碍了军用物资的运送。

一颗炸弹落下来的声音时就晕倒了。"位于鲁尔区科隆的福特工厂曾经历过部分盟军最猛烈的轰炸行动，劳工的旷职率在整个1944年间达到25%。在慕尼黑，尽管遭轰炸破坏的程度轻微得多，但巴伐利亚引擎制造厂（BMW）的旷职率在1944年夏季也高达20%，政府体认到此一问题，施压工厂管理阶层整饬纪律。1944年5月4日，戴姆勒–奔驰（Daimler-Benz）下图尔克汉（Untertürckheim）工厂的厂长概略叙述了一些会被严格执行的惩罚项目："不惜一切手段打击旷职歪风。我特别要求你们参考帝国粮食与农业部部长于1942年4月7日和1943年10月20日颁布的相关命令，根据其内容，在无理由缺勤（旷职）和工作表现大幅滑落的状况下，厂长不但有资格甚至基于职责所在，必须收回违反者的额外粮食配给卡，因为在这些情况中，有必要供应额外粮食配给卡配给的粮食的先决条件已未能履行。"

除此之外还有更严厉的惩罚，盖世太保偶尔也会惩罚员工。下图尔克汉的另一个例子就可引以为证："打字员玛莉亚（Maria）……遭他人向帝国劳工管理人员告发经常无故旷职……他下令将她监禁起来，直到她待的监狱因发生火灾而烧毁。她随即被转移到鲁德斯贝格（Rudersberg）的

↑图为1943年，德军士兵仔细搜索轰炸过后的断垣残壁。

再教育劳动营，七周之后才获得释放。"

轰炸与生产

盟军的轰炸也扰乱了正常量产。施佩尔的副手海德坎普（von Heydekampf）负责战车生产事宜，指出盟军轰炸迫使他将生产程序修正为"分割并疏散工厂，根据工厂的地理位置而不是技术能量来

展开作业"。然而值得注意的是，盟军对于他们以德国工业为目标的空袭行动所造成的效果，时常感到情报不足。举例来说，在1944年4月初，盟军停止轰炸德国的滚珠轴承工厂，因为盟军的参谋军官想当然地认为他们已彻底摧毁了德国的滚珠轴承生产能力，结果如同施佩尔评论的："因此，当盟军将成功掌握在手里时，却突然撒手不顾。"

德国的生产设施被迫走向厂房小型化，并加以伪装。许多德国工厂也开始地下化，使得厂方在扩大生产规模时遭遇更多困难。1945年1月，施佩尔判断轰炸减少了35%的战车生产、31%的飞机生产和42%的卡车生产。尽管如此，德国工业和劳工为了贯彻命令，也付出了无与伦比的努力和牺牲，例如在1945年1月，装甲车辆平均每月的生产数量达到1258辆。施佩尔得出结论，他认为轰炸机的胜利是"战争中最大的败笔"。

第12章

本土战线：德国的生活

1949年，德国舆论研究中心总结了其对国家社会主义生活的正面看法："受到有保证的薪资、欢乐力量旅行团和平顺运转的政治体制……因此国家社会主义使他们只想到工作、适当的养育、欢乐力量旅行团和政治生活中再也没有乱象。"一个人如果不是犹太人、共产党员或其他各种不良分子，而他也懂得避开危险的话，在希特勒统治的德国生活是可以忍受的。的确如同前文提到的，国家社会主义生活有它的正面看法，然而战争改变了大部分事物，虽然初期的胜利大大地受到热烈欢迎，但当冲突拖延时，一切都改变了。

就舆论而言，当德国陆军看起来所向无敌时，政权深得人心。德国纳粹党社会福利办公室的一名工作人员海狄·布伦德勒回忆起她的家人对法国沦陷的反应："德国在法国获得伟大胜利后，国内的气氛令人难以置信，每一个人都欣喜若狂。当官方宣布战斗结束的消息时，我的父亲喝得酩酊大醉。法国崩溃，再加上英国战败退回本土的消息，简直令人难以相信，当我们的男人平安返家时，我知道我们终于可以完全安心。我的丈夫路德维希曾经历过部分战斗，但他宣称从未陷入真正的危险中。他当然十分

高兴能够返家和妻子与女儿团聚，因此我们好好庆祝了一番。"德国人在战争爆发时没有太多热情，而随着希特勒带来迅速且相对来说较不痛苦的成功，他们满心欢喜。

不过，随着战争旷日持久，德国无法击败英国，再加上德军于1941年入侵苏联，人们开始担心。1941年7月29日，保防处在发自斯图加特（Stuttgart）的一份报告中提到一股不快的情绪："在内政上，尽管饮食状况多少已有改进，但人民的情绪和行为举止依然抑郁、担忧，充满不信任、烦恼和沮丧。"同年8月6日保防处另一份发

↓图为在柏林菩提树下大道（Unter den Linden）柯朗茨克（Kranzker）咖啡馆的宽阳台上享受午后阳光的平民和军人。后来粮食配给和轰炸就成为常态了。

自莱比锡（Leipzig）的报告内容充满更多疑虑："东线上的许多事件引发人们极大的关切，虽然没有人怀疑苏联将被击败，但他们也没有料想到会有如此顽强的对手。人们明白会有惨重的损失，包括我方在内，也预期我军在人员和物资方面的损耗，长期下来将会使我们不可能达到战争真正的目标，也就是击败英国。也有人对于在战时冬季将再度降临、工作艰辛却只有最低限额食物的状况感到忧心忡忡……"

这份报告说明了第二次世界大战时期德国人民最关切的两件事：即当战斗的代价愈来愈高昂时，他们的爱人的安危，以及强制进行的粮食配给制度。关于后者，我们再次引述海狄·布伦德勒的话："当战争开始时，每一个人都拿到了粮食配给卡，起初每一件事看起来都井然有序，完全没有发生短缺情况。我们听说了从盟国方面传来的谎言，指出德国因为英国和法国的封锁，在各方面都遭遇到困难，我知道我们的报刊都由戈培尔博士掌控，会拿这些东西来开玩笑。事实上，尽管有人失去了我们从未享受过的奢侈品，但有一段时间确实并未发生真正的物资短缺情况，基本食物的供应从未短缺，直到1943年左右为止。"

↑图为德国的粮食配给卡。虽然粮食配给在刚开始时算是足够，但纳粹政府被迫在1942年春季减少了分量。

物资短缺、在分配物品时产生有点不公平的感觉，加上有钱人和那些关系良好的人有特殊优惠，形成一种助长非法交易和黑市的风气。一名纳粹党区党部主管特别提到人民要求"首先是绝对的公平"，并特别不满某些状况，举例来说，当禽肉没有配给时，马肉却有，而且贵得离谱……任何不是杂货店或市场摊贩长期老主顾的人、任何没有时间等待并排队的人、任何太有礼貌而不好意思往前挤的人，不论在哪里就只能容忍拿到最差的商品。在这种情况下，任何人一定不会惊讶出现囤积和一窝蜂抢购的现象——在台面下、在背后、在黑市里，或是通过以物易物的方式，价格不可避免地会大幅超过一般水准不断地上涨，且在同一时间，所有那些没有'关系'，或没有时间和机会可进行非法采购的群体，或是那些出于良心而坚持不违反法律的人，他们的痛苦也随之加深。"

日常生活的现实

玛提尔德·沃尔芙-蒙克贝尔格（Mathilde Wolff-Mönckeberg）写信给孩子，谈到她如何度过日常生活："无论你们相信与否，就连我都要像每一个人一样以物易物，而这个行为真的有让人沉迷的地方……我们有张大餐桌摆在地下室里……它又老又旧，不但受潮，而且还歪到一边。许多年来，我们一家人都会一起坐在这张餐桌前，吃着美味丰盛的大餐……一想到过去的点点滴滴，我心里就一阵难过，但现在我们不能再这样多愁善感下去了。我用这张餐桌换到油脂和肉品，还有桌子的新主人从她的小卖部里带回来的许多熟食。但在这些日子里又能做些别的什么事呢？人总是要吃东西，可是市面上什么都买不到。"

贝提·布罗克豪斯（Betti Brockhaus）是德国空军的民间雇员，回忆起当局尽一切努力防止这类状况发生："当供应品的数量和品质变得愈来愈糟的时候，东西就变得非常珍贵，所有我们拿得到的东西看起来就只有马铃薯、面包、香肠和包心菜……官方的检查日趋严格，也不断查缉黑市交易和转卖军用物资至民间的行为。有一天，科隆的盖世太保为了调查一桩不当获得暴利的丑闻，甚至找上门来。"

盖沙·哈贺曼（Gesa Hachmann）在当时还是个孩子，犹记得他的母亲在思想上的转变："有一次我问母亲：'什么是和平？'她答道：'当人们再度相亲相爱的时候。''那我们能，'我又问，'我们能去杂货店，然后说请给我两个鸡蛋吗？''不可以。'母亲说，'在平时你可以说给我七个或八个

→→图为总体战的宣传海报。这幅海报将妇女留在家庭的牺牲和军人在前线忍受的牺牲一视同仁。

↑图为女性口琴演奏家举行街头音乐会，而她们的同事就在一旁进行战争募款活动。在战争中那段艰苦的日子里，音乐是一项娱乐活动，可以分散民众的注意力。

鸡蛋，或是一人一个，不管多少人来都可以。''那奶油，'我问，'我们可以一口气买半磅的奶油吗？'然后我的母亲说：'你可以买两磅奶油，或是你想买多少就买多少。'然后我就说：'那么，当我可以在一片面包的两面都涂上奶油的时候，就是和平。'"

有一则从1943年开始流传的笑话值得一提：

"顾客：你有哪些品种的狗要卖？

店员：贵宾狗、约克夏……

顾客：停，等一下，你没有卖可供五人家庭享用的大狗吗？"

娱乐消遣

尽管有这些难题，但人们还是会到处找乐子来维系他们的士气。玛提尔德·沃尔芙-蒙克贝尔格在她写的同一封信中解释："然而我们的生活不是只有物质，生活重心并非完全集中在商业交易上。之前我从未像现在度过战争的第五个冬天一样，听了如此多美妙的音乐。我们花钱买季票，听各式各样的音乐巡回演奏，风雨无阻，甚至在下雪时前往下午4点于音乐厅举行的音乐会……人们比往常更需要以精神和艺术层面上的满足来重建自我……以莎士比亚为主题的公开演说挤满了听众，各式各样的人塞爆了最大的讲堂，而在过去他们连做梦都不会想要来。"

在第三帝国境内共有超过7000家电影院，光是柏林一地就有400家，戈培尔不择手段让他们继续营业，即使受到盟军轰炸，连主要城市都变成废墟时也一样，因为他明白这些电影院对人民士气的重要性。他认为无线电广播差不多也至关重要，因为每个人平均每天会花上四个半小时收听广播，在广播中会持续播放音乐，让全国民众保持心情愉快。然而，由于人民面对极端的状况，特别是空袭愈来愈严重，一种抛弃压抑并听天由命的欲望攫取了某些人。年轻的普鲁士贵妇乌尔苏拉·冯·卡尔多夫（Ursula von Kardoff）在她1943年12月13日的日记中抓住了这种情绪："生活很古怪。忽上忽下，时好时坏，但总是多彩多姿。昨天在采伦多夫（Zehlendorf，柏林郊区的高级住宅区），人们在那里毫无节制地饮酒。每一个人都在和另外一个人调情，屈服于瓦解的情势下。陷入微光闪烁的困境之中。"

她在4天后记录："在每一次空袭过后，我同样都会感受到一股无法遏制的生命力。当你还有机会回到这个世界的时候，你会不欢欣拥抱它吗？这大概就是为什么我们贪婪地抓住每一次机会开派对狂欢享乐的理由。"

↓图为1944年，柏林爱乐交响乐团由威廉·富尔特文格勒（Wilhelm Furtwangler）指挥，在一座军备工厂中为工人们演奏贝多芬的作品。

战火中的帝国
——德累斯顿大空袭

1.苏联人在1945年2月的雅尔塔会议中，要求对他们进军路线前方的交通中心进行攻击，德累斯顿（Dresden）因此中选。

2.轰炸该城的527架美军轰炸机当中的3架。

3.轰炸过后的残酷任务就是辨识死者，若是尸体严重烧焦的话就不可能辨认出身份。

4.轰炸机群将德累斯顿的所有区域变成一片废墟，但在第一波攻击的两天后火车就开回了该市。

5.1945年年初，德累斯顿塞满了逃避红军的难民（该市的公园变成临时收容营地），还有2.6万名盟军战俘。此一情况导致了大量伤亡，估计有多达7万人死于盟军轰炸。

6.在空袭过后，当局在市区内张贴告示，警告趁火打劫者将遭受严厉处罚（由于该市有大量的外籍劳工，这类公告会以数国语言印制）。

空袭行动成为德国城市居民生活的主要部分，特别是从1942年年底起英军改进了轰炸技术之后。然而，对德国城市的首次攻击发生在1940年8月26日，由于英军被逐出欧洲大陆，轰炸成为进行攻势作战的唯一可用手段，摧毁德国人民的民心士气也的确成为英军空中战役公开宣称的目标。当皇家空军开始更有效地作战，取得更大且更佳的机种、雷达制导系统、目标标定系统，并引入区域轰炸法——也就是针对城市进行"地毯式轰炸"，而非攻击某一特定工厂——对德国人民的冲击也日益升高。1942年，美军加入了皇家空军的行列，进行日间轰炸，而英军则进行夜间空袭。

这支联合轰炸机部队在1943年7月24日至25日袭击了汉堡。这次作战被命名为"蛾摩拉作战"（Operation Gomorrah），不幸的是，超过3万人死于空袭和随后而来的火风暴中：由于温度极高，因此产生了一种龙卷风效应，氧气被吸进火焰里，其力道大到足以把人拖进火焰中。在这次空袭中劫后余生的伊妮丝·吕斯（Ines Lyss）说："你已经可以听到炸弹的呼啸声，我们很自然地就拔腿狂奔，我还记得一开始是坐在地下室的一张小木板凳上，然后当第一批炸弹击中时，每个人都跳了起来。瓦砾碎片在空中横飞，墙壁也崩塌了。

当这一切看起来毫无停止的迹象时，人们开始祈祷，有些人甚至开始尖叫；而当炸弹持续落下时，四处蔓延的恐惧变得不可思议。我们彻底麻痹了，我也开始祷告：'噢，亲爱的上帝……'我们都不怎么信教，所以是说'噢，亲爱的上帝'。我继续说：'我再也见不到尤普（Jupp）了，我再也见不到尤普了。'那时他是我的未婚夫。"

克劳斯·屈恩（Klaus Kühn）是一名希特勒青年团高射炮辅助人员，他描述了汉堡的空袭避难所："地下碉堡盖在地面下90至183厘米处，由两到四个约46米长的大管子组成。这些管子的间隔距离都非常远，由防火门连接。你要走楼梯才能进入这些碉堡，就像在地下车库里。一旦你走下楼梯，就必须走过一条长长的走道，两到三个管子会和这个主要入口连接，根据碉堡的规模大小而定。这些管子说穿了不过就是漫长、狭窄的走道而已，在两边有凳子。每一根管子都用厚重的混凝土墙隔开，以防万一其中一根管子被直接命中摧毁，还会波及其他的管子。"

然而在火风暴中，直接中弹不是唯一的危险，就像接下来的这段说明所表示的。埃里希·安德里斯（Erich Andres）正在汉堡探望他的妻子，但幸运的是他们离家很远，但也因而目睹了劫后余波：

"没有一栋房子是屹立着的，一整块街区就是一个巨大的瓦砾堆。它们在星期一的夜晚遭到轰炸，虽然我直到星期六才回来，但余温依然炙热无比，房屋的墙壁还是热的。最后我终于回到家，情况非常糟糕，窗户变成了烧得焦黑的洞，走进屋里后，我必须把被炸个稀烂的家具搬开才能前进……走到通往地下室的楼梯。不断从楼梯下吹上来的风依然热气逼人……床还没被烧掉，上面躺满了人。我再也无法忍受那种热度和难闻的气味，就调头走上楼梯。"

那里大概死了30或40个人。那间地下室塞满尸体，全都是窒息而死的人，因为空气全都被火风暴吸光了："我经过一些躺在一起的尸体，大部分衣衫不整，看起来像是妇女扯掉了她们的衣服，可能是因为她们身上着了火或是无法忍受高温。也许衣物是在她们意识不清之后才着火，这就可以解释她们为什么不是半裸就是全裸。在这一堆尸体中间，我注意到有一个10岁大的男孩躺在那里，紧紧抱住其中一位防

↓图为1943年5月，美军对基尔（Kiel）进行日间轰炸。虽然空袭行动未能彻底动摇民心士气，却增加了本土战线感受得到的全面性紧张。

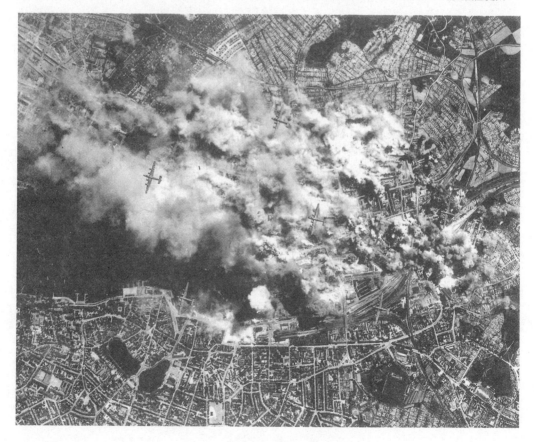

空管理员，这个男孩一定是用尽生命中最后一口气沿着地板爬过来，爬到很可能已经窒息而死的管理员身上。"

希特勒青年团团员乌维·科斯特（Uwe Köster）参与了善后清理工作："我们把一具具尸体堆积起来，大概高达30到35层。我们把尸体全部堆在一起，如果你在两三天之后经过这里，一定得用玻璃纸盖住眼睛，因为每一样东西都在冒烟。空气完全凝结了，有三到四天的时间我们没有一丝阳光，只有一片完全黑暗。我们只能看见远方有个血红色的球体，无法穿透徘徊在汉堡上空达数天之久的阴暗云层，当中全是烟、渣和灰烬。每一间房子的入口处都堆着尸体，当你经过

的时候就会看见一只只的脚，有些是赤着脚的，有些则黏着烧焦的鞋底，这些尸体已无法辨识。在两三个星期后，我们不时还会把整个家族的人从他们躲藏的地下室里挖出来，可以把他们全塞进一个浴缸里，即使是成人也变得很小，他们因为高温而烧焦、熔化，完全变成木乃伊。没错，把尸体堆在房屋的入口处附近实际上是把他们从大街上移开最快也最好的办法。没过多久之后，他们就会被埋到万人塚里。"

至于生还者则必须在浩劫后获得照顾。少年沃尔夫·索海格（Wolf Sohège）还记得汉堡空袭过后发生的事情："空袭过后，每一项工作都有条不紊地进行，这让

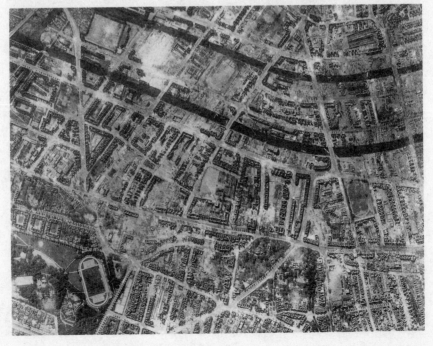

→图为1943年7月，蛾摩拉作战对汉堡造成的破坏。7月24日至25日，英国皇家空军和美国陆军航空队联手攻击该市，造成多达3万人死亡。

←图为盟军空袭过后，两名妇女从废墟里把一名受伤的儿童抬出来。在大部分德国城市中，盟军空袭变成日常生活中不可分割的一部分。

人十分惊讶。物资一下子就全搬出来了，食物之类的……机动厨房、红十字会还有其他类似的组织也在现场把食物分配好。他们在市区外的空地上发放热食……照护伤患的工作也井然有序，要想办法把他们运走。有些人的烧伤过于严重，因此必须把他们放在担架上抬离现场。当白磷弹击中房屋时，里面的磷就会沿着楼梯往下流，然后流到大街上……屋里的人们就像一支支活动火炬般冲出屋外，任何帮得上忙的人就会协助把火扑灭。卡车或救护车会把严重烧伤的人载走，有时候人们也会把他们抬到附近的地方，救护车会在那里把他们载走，但驾驶员们必须小心不能让车子的轮胎碰到磷，不然的话橡胶会马上烧起来……市中心的医院马上就爆满了……当然地方医院也会迅速挤满烧伤患者，这些人不是二级就是三级烧伤，可是医院根本就没有烧伤病患专用的特殊病房。"

民心士气

盟军持续轰炸，到了1944年年底时，大部分德国主要城市均遭受到惨重且规律的轰炸。事实上除了实质的危险外，空袭行动也对德国平民百姓产生心理层面的影响。有些人无法忍受此一状况，凯特·布罗依尔（Kaethe Breuer）还记得她的邻居在一次空袭行动中拒绝躲进地下室里："我先生往上走到他们的公寓里，就发现他的太阳穴中弹，手枪则掉在地板上；他自杀了，他再也无法忍受下去了。"而

他的自杀似乎对他太太有所暗示，因此凯特·布罗依尔的丈夫就把手枪拿走，随身保管。当医生确认死因后，自杀者的太太表示："布罗依尔先生，多谢你把手枪拿走，医生说那是一块弹片，否则我就不能申请保险补助了。"

甚至连身经百战的军人们休假在家时，也得拼命地挨过轰炸。英格·麦恩-孔迈尔（Inge Meyn-

↓图为1945年7月，"废墟清除女工"正在清理三年来英军和美军对柏林猛烈且持续的空袭行动炸出的瓦砾堆。

Kommeyer）走到楼下，发现她的哥哥穿着军靴，在厨房里来回踱步，"我说：'艾迪（Edi），你到底在干吗？你疯了吗？把靴子给我脱掉！'他看了看我，然后说：'为什么？'我说：'现在是早上6点钟，我们所有人都还想睡觉！如果你睡不着的话，那就把衣服穿好，去院子里走走，或到公园里散步。去做任何你想做的事都好，就是不要穿着这双他妈的吵得要死的靴子在这里走来走去，搞得大家睡不着！'他脸上带着恍惚的神情瞧了我一眼，然后说：'那我回去好了！'我问：'回去哪里？前线吗？''对！'他这么回答。他无法忍受盟军空袭，因为他觉得不能像在前线一样防卫自己"。

对于盟军空袭德国的行动以及所产生的效应，希特勒的态度是什么？施佩尔对元首关于盟军空袭行动的看法有着透彻的洞察，当希特勒得知一场特别严重的空袭时："希特勒明显因这些（轰炸）报告感到震撼不已，然而比较少是基于平民的伤亡或是住宅区遭到轰炸，而较为关心有价值的建筑物被破坏，比如剧院……因此，他多半要求立即重建被炸毁的剧院。"

至于谈到视察被轰炸的城镇和市区时，希特勒对此不感兴趣。施佩尔再次说道："我试着劝过希特勒几次去遭受轰炸的城市视察，让他在那里亮亮相，同样的想法戈培尔也建议过，但都白费唇舌。"的确，由于他对巡视轰炸造成的损害不感兴趣，因此当他驱车穿越慕尼黑或柏林时，都会命令司机走最短的路线。备受打击的德国城市并不适合他的千年第三帝国大梦。

然而大部分一般人民所能做的事，就只有忍耐，他们没什么选择（说来也奇怪，他们从未因为如此困境而直接指责希特勒，反而是批评他的部属）。尽管英国皇家空军和美国陆军航空队（US Army Air Force, USAAF）给德国城市带来严重破坏，也造成惨重的人员伤亡，但民心士气从未真正崩溃，德国人民继续以身家性命坚持到底，之后再计算心理上的代价。胡果·史泰坎普尔（Hugo Stehkämper）举了一个适当的例子："你学会在每一场空袭间生存，这变成例行公事……很自然地，当你住在大城市时，每天都在冒生命危险，只不过是带着某种程度的无关紧要继续日复一日的生活。在实际轰炸的时候，这种无关紧要的感觉就被致命的恐惧取代，担心生命安危，这样的恐惧到今天依然纠缠着我。即使是在超过40年以后，我还是无法观赏有关轰炸的影片，那至少会让我失眠三个晚上。这些回忆依然历历在目，只会加深我的痛楚，就像在伤口上撒盐一样。"

第13章
最后战役

"西线的弟兄们！你们伟大的时刻已经来临！今天，强大的突击部队向英美联军展开攻势，我不必多言，相信你们全都可以感觉得到。尽到你们的军人本分，否则就会粉身碎骨。为了我们的祖国、为了我们的元首，诸位一定要坚持恪尽职守、实践非凡行为的庄严誓约。"

1944年12月16日，德国陆军元帅伦德施泰特发布上述命令，在阿登（Ardennes）地区发动攻势。这样的言语令人感到熟悉，因为希特勒和其麾下的资深将领在1942年至1943年间苏联境内的颓势发生时，就已做过类似的勉励，并且有那么一段时间多多少少获得了成功。这波攻势以及苏军的推进在维斯杜拉河（Vistula）前暂时停顿，提高了民心士气，第三帝国的救赎看起来已紧紧在握。在那时，国家宣传部的报告中提到"圣诞节一般来说看起来是在良好的精神和对未来充满信心的气氛中度过"。这份报告继续指出："德军在西线的攻势甚至

←←图为一个德军MG42机枪小组趴在废墟中，试图阻止不屈不挠前进的红军。

↓图为挺进中的红军部队。到了1944年年底，他们已经在第三帝国的边界摩拳擦掌。

→图为1942年至1944年时的德军西线总司令伦德施泰特陆军元帅。希特勒于1945年3月将他免职。

对那些彻底悲观和因为相信领导阶层而必须闷不吭声的平民造成了深远影响。整体来说，对国防军、政治领导阶层特别是德国国家社会主义工人党的信任已大幅提升了。"

不过这样的乐观放错了地方。到了12月23日，阿登攻势已经失败，苏军则在1945年1月12日发动了战争中规模最庞大的单一攻势。由于西线的攻势耗尽了人力，进而削弱德军的抵抗力量（阿登攻势中，德军在人力方面付出的总代价为10万人阵亡、负伤或被俘，另外还要加上损失800辆战车和1000架飞机；美军则有81000人阵亡、负伤或被俘，英军损失1400人）。尽管国防军官兵无疑表现出"超人般"的努力，然而东方的红军和从法国进发的西方盟军大批部队却把战争导向德国的土地上。

红军对第三帝国的攻势首先以长达5个小时的炮兵射击揭开序幕。光是在东普鲁士和波兰，苏军就投入了180个师，其中装甲师的比率相当高，德军在东线只有75个师，从波罗的海一路延伸到喀尔巴阡山（Carpathian），而且所有的师都未达满编状态。陆军总部计算出苏军在步兵方面拥有11∶1的优势，战车部分则为7∶1，国防军很难有所作为来抵挡他们，古德里安提到："到了1月27日，苏军的进攻狂潮对我们来说已是彻底的灾难。"的确，东、西普鲁士和第三帝国本土的联系已被切断，而在当天，朱可夫的部队经过两个星期的急行军，越过350千米（220英里）的距离后，渡过了奥德河（Oder），在德国的领土上站稳脚跟，离柏林只有160千米（100英里）。

没有多少德国人愿意待在家里等着苏军入侵。几乎所有住在东普鲁士的居民都决定逃离战区。疏散行动的组织相当差劲，灾难般的运输状况使局势更加恶化。大批难民冒着冬季恶劣的天气状况，吃力地向西前进。试图越过结冰的新泻湖（Frische Haff）十分危险，一名少女生动描述了难民艰苦跋涉逃出去的过程："冰层相当脆弱，而在我们要涉水而过的地方水深达25米。我们不断地用棍子敲打面前的冰层，看看是否真的可以通过……通常有人滑倒的话，会被认为他已经不行了。我们的衣物早已湿透，所以只能笨手笨脚地走路，但是面对死亡的恐惧，我们忘却身体的颤抖。我看见妇女们展现出超人般的英勇，她们身为集体逃难的领导者，凭直觉找到可承受马车通过的最安全路线。冰面上四处散落着家用物品，受伤的人以祈求的姿态爬向我们，拄着拐杖蹒跚地走着，其他人则坐在小雪橇上，由同伴拖着。"

地狱般的旅程

他们食物短缺，也没有干净的饮水。安妮·瑟迪希（Anne Seddig）带着她一岁大的儿子齐格菲（Siegfried），仔细描述了这次糟透了的旅程："根本没有东西可以吃。齐格菲非常口渴，而且虽然我又怀孕了，我仍然用母乳喂他；我也用嘴来把雪融化，如此一来他就有雪水可以喝，毕竟我们还有雪。"

再回头看看那位少女的描述，他们的状况正持续恶化："第二天，我们朝但泽（Danzig）走去，一路上目睹了令人毛骨悚然的景象。母亲们陷入极度疯狂的状态，把孩子们扔进海里，也有人上吊自杀，其他人则扑向死马，切下一块

↓图为在阿登地区，德军伞兵搭乘一辆"虎王"战车。国防军在这场战役里消耗了许多宝贵的储备人力和物资。

块马肉，然后围着路旁野火烤起肉来。妇女在马车上生产。每一个人都只想到自己，没有人帮助病弱的人。"这名少女和姐姐、母亲成功抵达相对安全的图林根（Thuringia）的盖拉（Gera），但其他人就没这么幸运了。在向西前进的庞大难民潮中，估计约有100万德国人死亡。

那些选择不逃走或是被如闪电般迅速推进的苏军部队抓住的人，同样残酷的命运正等着他们。红军在穿越被德国占领的欧洲地区挺进时，表现相对良好；然而一旦苏军官兵抵达德国领土，他们就全心全意地纵情于谋杀、强奸、劫掠和毁灭的可怕狂欢中。由于红军士兵解放被占领区域时遇到的第一手证据（包括集中营），以及不断对他们灌输的反德宣传，加上德军占领苏联部分地区后表现出的野蛮本质，所以他们的行为至少是可以理解的，但这个理由并不能掩盖他们的骇人行为。安妮·瑟迪希终究还是碰上了苏军部队："苏联人靠上来，用火炬照亮我，然后其中一个说：'有个地方可以让你这女人待着。'那个地方是一处防空避难所，里面有一张桌子，当晚我躺在那张桌子上，苏联人就一个接着一个地轮奸我，我快要死了，全身上下都因痉挛而绞痛无比，内心极度反感……他们认为我们是可以光明正大捕猎的目标。我不知道到底有几个人在那里，10或15个吧！他们就是一个接一个地来，一个完事之后又是下一个。我记得他们当中有个人本来也要干同样的事，但他不久之后说：'到底有几个同志已经搞过了？把你的衣服穿好。'"

苏联人的暴行不分青红皂白。瑞娜特·霍夫曼（Renate Hoffman）被强奸了："他们用枪指着大家的头，如果有人试图保护自己，就一定会被枪毙。你唯一能

↓图为1944年12月阿登攻势期间，德国部队在一辆被击毁的美军半履带车旁稍作休息。这次攻击在刚开始时让美军猝不及防。

↑ 图为德军战俘（他们是空军人员）在美军宪兵的监视下，步行进入战俘营。当盟军深入德国境内时，这样的景象愈来愈常见。

做的事就是假装成一块石头或是已经死了，接下来发生了什么事我就不想说了。"她有一位年龄较长的亲戚也被强奸："我的阿姨和母亲都已经超过50岁了，但是她们也都被年轻的苏联士兵强奸。"不过有些人还是成功躲过被强奸的噩运。当苏军抵达柏林时，海德葳希·萨思（Hedwig Sass）正在城内："我们当中大部分人都试着把自己打扮成看起来比实际年龄老许多。我们故意穿着破烂的衣服，但苏联人总是说：'你一点也不老。你很年轻。'他们嘲笑我们身上穿着的破衣服和戴着的旧眼镜，他们知道我们是够格的货色！"1945年时，据估计有200万名德国妇女被强奸。

国民突击队

这类行为大部分发生在战斗继续进行的时候，甚至是在战争结束后。虽然德国的资源已严重枯竭，但战斗本身还是如同以往一样激烈残暴，几乎只要是任何拿得动步枪或是更常见的铁拳反战车武器的男人或男孩，都被强迫入伍。令人绝望的人力短缺状况和德国所面对的悲惨局面，导致了"国民突击队"（Volkssturm）的诞生，这是一支德国的"本土防卫队"。希特勒下令国民突击队将包括"所有年龄在16～60岁之间还拿得动武器的德国

↑图为1944年9月25日国民突击队成立时，两名表情欢欣鼓舞的队员。从照片中可以看得出来他们的年龄，以及他们穿着的破旧服装。

男性，他们将运用所有看起来适当的武器和手段来保卫家园"。尽管希特勒的秘书马丁·波尔曼坚持："德国国民突击队的队员符合海牙（Hague）公约的陆上战斗章节中对战斗人员的定义。"事实在于组建这支部队的十月命令中提到"所有国民突击队队员不论阶级为何，都将发给制服和装备"，有时候这意味着当他们被俘虏时，如果是穿着平民服装并携带武器的话，就会被立即枪决。

国民突击队从来就不是一支可怕的战斗部队，其人员经验不足、缺乏训练，只有最低限度的装备，因此他们的士气也十分低落。一名来自巴伐利亚北方农村地区富尔特（Fürth）的国民突击队队员对这些部队的素质和士气做了最佳的写照："我从来没当过兵，因此我对一切都毫无头绪，而且当他们在诺伊史塔特（Neustadt）发放'制

服'时，他们打算给我一件冲锋队大衣，还有一套劳动役制服。我没有拿大衣，理由是它太大了，不过说真的，我不喜欢那件大衣上的一大堆党章，因为我不是党员。然后他们又给我另一件大衣，这回是劳动役的，不过这件又太小了，但我还是收下了，还把所有的纽扣都拆下来。在我们第一次的检阅中，我为这件事发了一通脾气。我的一个同僚也得把纽扣缝回大衣外缘，否则我就不能穿这件大衣。如果我屏住呼吸的话，也许可以把扣子扣上。经过一名骑士十字勋章得主长达三小时的指导后，我们已经'准备好'使用火箭筒。我们那一排共有23个人，却只配发12组武器，我没有拿到，也不想自己花力气去弄一组来，总之我不了解他们是怎么搞的。"

当这些部队面对身经百战的红军或装备精良的英美联军时，并不难想象会发生什么事。一名防卫杜塞道夫周边地区的装甲兵军官罗夫·保罗斯（Rolf Pauls）详细描述了科隆的党部主管（负责管理辖区内的所有经济和政治活动）和他的师长间的对话，前者表示他将会派出约3.5万名国民突击队队员来协助防御工作，还侃侃而谈他们迫不及待地准备防卫家园："听到他这样说，我的师长就气炸了，他马

上吼回去：'我可以跟你讲国民突击队迫不及待地想干吗——他们迫不及待地想要赶紧滚蛋！过去的24小时已经证明了这一点，他们向四面八方逃窜，而且跟你说真的，我不能怪他们。'"

国民突击队普遍士气低落现象的例外，是一部分年轻人，也就是接受纳粹主义教条灌输的希特勒青年团团员。华尔特·克纳普（Walter Knappe）是一名伤残的空军军官，在战争初期身受重伤，1945年4月奉派前往柏林指挥一个希特勒青年团："我们用火箭筒对抗战车。我手下热情的希特勒青年团小伙子们甚至在还没学会好好操作火箭筒时就冲进苏军火网中，那真的十分危险。当任务取消时，我高兴得要命，终于能把他们全放走了。我太了解那疯狂的热情了。他们怀抱着为德国而战的信念，一步步走向灭亡。"

24岁的古斯塔夫·舒茨（Gustav Schütz）于1942年时失去左臂，在战争末期率领14岁和15岁大的少年投入战斗，他也看到类似的状况："孩子们因为能够如同'军人'般作战以争取最后胜利而感到兴奋不已。只有战争尽快结束，我们才能够希望把他们平安地带回来。"

不过，热情并无法弥补训练和装备的不足。较年长的巴伐利亚国民突击队队员胡果·史泰坎普尔也有相似的回忆，他说："1945年2月，也就是我16岁生日前两个月，我被征召进国民突击队。他们塞给我一套你在战争期间连见都没见过的老旧黑色党卫军制服、棕色的托特（Todt）组织大衣和蓝色的空军辅助人员帽子，我们觉得这样子打扮看起来就像稻草人，而且对于他们给我们戴上的法军钢盔感到十分羞耻。对我们来说，这样并不符合德国军人的形象。身为15岁的男孩们，嗯，如果即将被动员的话，我们想成为名副其实的德国军人，而

↓图为柏林附近一座火车站内意志消沉、筋疲力尽的妇女和儿童。当红军前进时，许多德国人选择逃难，而不是留下来等待复仇心切的苏军部队。

不是像个法军。"

不过在战争的最后一个月，这类组织见证了大量的战斗。1945年4月16日，朱可夫对柏林发动最后突击，首先他必须突破德军在柏林以东施劳弗高地（Seelow Heights）上的防线。希特勒已下令防卫柏林时务必"战至最后一人一弹"。尽管德军已处于绝望的态势，但他们还是进行了疯狂的抵抗，在他们之中有许多人是加入国民突击队的希特勒青年团团员。罗塔尔·洛沃（Lothar Loewe）年仅16岁，他解释了同僚的心理动机：

↓图为1945年2月，美军步兵在德国的尤林（Julien）市内小心翼翼地向前匍匐。德军在西线的抵抗依然非常顽强，而且往往经过仔细策划。

"在这些士兵的心中，有股孤注一掷的勇气在诱导着他们。柏林的防卫战打起来格外艰苦，因为有那么多官兵、那么多平民都害怕被苏军俘虏监禁。他们想要拯救自己，尽一切所能把苏联人挡在柏林外，愈久愈好；为了争取那么一点时间，便用尽一切可能的手段来阻止他们……对我来说，布尔什维克主义就是生命的结束。就我而言，这就是柏林的战斗打起来格外艰辛的理由，不只是为每一条街道而战，还要为每一栋房屋、每一个房间，还有为每一层楼而战。苏军和德军都

蒙受高得吓人的伤亡，因为双方会为了一块砖头激战数天之久。"

柏林的战斗

另一名希特勒青年团团员卡尔·达姆（Karl Damm）也回顾了柏林的战斗："这场可怕阴谋的下场很清楚。我们的机动手段受到限制，只能打防卫战，就像小捣蛋一样——只能这里打一枪、那里开一炮来延迟苏军的突进，而这只会增加这座城市的苦痛。对每一位参与其中的人来说，目前的状况已很清楚，根本无处可逃。年龄较长的士兵大概在22岁或23岁，也许已经承认这种巷战是无用且不智的，但是较年轻的我们在一个星期之前才初经战火的洗礼，依然十分天真。"

洛沃拿着他的"比利时手枪和没有保险的意大利冲锋枪"，但拒绝戴上钢盔，因为"钢盔对我来说太大了，当我戴上时就会滑到鼻子上，而且我戴着钢盔时啥也听不到"。他不再有天真幻想："这是一场糟糕的战争。那些夜晚，当住在被苏军占领的那一侧街区的妇女被苏联人强奸时，那感觉坏透了，她们的尖叫声十分凄厉，但另一方面来说这更加鼓励了我们。坦白说，我们很害怕苏军会屠杀我们。"

↑图为一个苏军炮兵连开炮射击。1945年1月12日，红军动员220万人对付中央集团军，160万人攻打东普鲁士。

害怕苏军并非唯一驱使他们继续战斗的动机。在愈发绝望的最后几周里，德军为了执行军纪，已经变成一种格外武断的残暴，随机程度也使人不安。鲁道夫·菲尔特（Rudolf Vilter）由于身负重伤，在最后一刻被疏散离开柏林："一名少校身旁跟着两位军官和几名宪兵，一起站在马路两边。我们非常害怕这些人，这也是为什么我们没有开小差的一个重要原因。我们曾目睹过逃兵被抓到后的下场：他们被吊死在树上。"

也是同样地，曾经参与柏林最后抵抗战斗的罗塔尔·吕厄（Lothar Rühl）回忆："我在4月29日还是30日时碰上党卫军。一名党卫军巡逻队员把我拦下来，并问我正在做什么？我是一个逃兵吗？……我看见一名军官，他的肩章被拔掉，吊死在电车轨道下的通道里。他的脖子上挂着一块大牌子，上面写着：'因为我是一个胆小鬼，不敢面对敌人，所以我被吊死在这里。'党卫军士兵说：'你看见那个人了吗？他是个刚被吊死的逃兵。'我告诉他我不是逃兵……我在集合点上紧张不安。我们的一位排长就坐在那里，他看见我之后大喊：'喂，你们对我们的人干什么？'党卫军士兵回答：'我们正在逮捕他。'排长问：'你说逮捕他是什么意思？这个人

是我们的传令兵，我很了解他，放他走，让他到我们部队里。'他们最后终于放我走了。"

当在这样的情况下遇见党卫军或宪兵时，很少有人能像吕厄一样如此幸运。对也曾在柏林战斗的罗塔尔·洛沃来说"不管你到哪里去都会遇上宪兵，甚至当苏联人已经出现在目视范围里时，你还是可以看见100米开外有个宪兵正试着检查每一个人，任何没有合适文件或正确通行证的人就会被当成逃兵吊死，身上还会挂着一块牌子，上面写着'我是叛徒'或'我是懦夫'"。

纳粹的复仇

如此严苛的军纪不只用在军事人员身上，试图向敌方投降的平民也会受到同样的对待。洛沃见证了一起发生在柏林的事件："这件事全发生在屈尔富尔史腾当（Kürfürstendamm）的一条小街上。住在那里的人们挂出白旗投降。事发的这栋公寓白色床单在窗口飘扬，然后党卫军就来了，我永远也忘不了那一幕——党卫军走进房子里，把里面的人全部拖出来，我不知道他们是不是穿着平民服装的军人、老人还是什么的。无论如何，党卫军把他们带到马路中央，然后通通枪毙。"

尽管德军在西线进行激烈抵抗，一旦盟军渡过莱茵河，德军输掉这场战争的态势就愈来愈清晰，但有一种非常不同的态度显而易见。在战争的最后一个月左右，东、西两线上战斗艰苦程度的对比令人印象深刻，一名年轻的战斗机飞行员鲁道夫·艾希里希（Rudolf Escherich）的态度可作为例证。他和12名乌德特（Udet）战斗机中队的队员同意对奥德河上一座被红军攻占的桥梁进行自杀攻击，他们签署了一份文件，上面声明："我们自愿为元首、家园和德意志牺牲。"他解释了他本人和同僚的动机："我们全都是年轻、热情的飞行员，热血沸腾，即使实际情况已经无望，也要做点什么事，为解救祖国而战。"第一次的任务失败，随后整个作战就被取消了。

当被问到是否愿意在西线从事这样的任务时，艾希里希回答："不，不，不，绝对不会。"他解释："这里的条件和西线完全不一样。他们是已开化的，几乎以人道的方式对待战俘，因此你可以期待他们或多或少会得体地对待战败的德国人民，但是苏联人就完全不是这么回事了。"

德国平民在英军或美军的占领区内获得相对较佳的待遇，这意味着很少人会决心周旋到底，特别是

↑图为一个苏军火焰发射器小组正在枪林弹雨中挺进。对"布尔什维克威胁"的恐惧意味着：尽管处于绝望的战略态势，德军仍持续奋战不懈。

在西方盟军部队行为正派的言论四处流传的时候。这点再加上盟军的宣传，以及日渐相信战争已输的想法，意味着许多人甘于——如同一份党卫军报告提及的——让"战争扫过他们"。的确，一份罕见的盖世太保报告内容是德军收复一座城镇，当中提到美军部队大方分发食物，给挨饿的当地居民留下了令人深刻的印象："在盖斯劳特恩（Geislautern）被德军部队收复后……官员们观察到美国人居住过的房舍，既没有遭到破坏，也没有任何东西被偷。大家都认为他们的表现比'我们德国部队'还要好。"从这份报告随即得出结论："基于这些和美国人接触的经验，

留在后方的民众对他们有很高的评价。因此即使基于军事理由，军事当局在很久之前就发布了关于疏散萨尔（Saar）地区的补充命令，他们也不会再离开自己的家和地下室。"

不可能把德国西部所有的民众强制疏散、吊死或被拖到军事法庭前审判。纳粹宣传声称民众接触到的美国人"是战斗部队人员，其唯一的功用就是战斗；但是在他们之后赶来的是后卫勤务部队，特别是犹太人，他们在任何时候都会以残酷手段对付一般民众"。

如同一部分这类例子证明的，很少人相信这类宣传，符腾堡（Württemberg）北部法兰肯巴贺

↓图为红军步兵在战车的支援下前进。到了1945年，红军士兵变成令人畏惧、装备精良且冷酷无情的对手，并且势不可挡。

←图为1945年4月，党卫军人员准备枪决可疑的逃兵。随着战败脚步的逼近，有关当局对部队执行纪律的程度也愈来愈严厉。

村（Frankenbach）村长的叙述就透露了真相。国民突击队考虑在该村进行防御，但"人们已发现国民突击队的火箭筒没有雷管，此举也许可以拯救我们的村庄免于灾难……在这天之前信心满满且宣称要摧毁每一辆美军战车的国民突击队队长，一瞬间就丧失了雄心壮志，默默地待在家里……很快地，战车一辆接一辆地出现在法兰克富特街（Frankfurter）和内克阿嘉塔赫街（Neckargartacher）上，但是有人从教堂尖塔里伸出了一面巨大的白旗并挥舞着……对我们的村庄来说很幸运的是，希培格（Hipperg）并未被德军部队占领，否则我们可爱的村庄可能在很短的时间内就变成一片废墟"。

许多军人也有类似的感觉。古

斯塔夫·舒茨详细叙述了他和手下一位中尉的对话："对方说：'舒茨，你是我唯一认识比较久的人，我相信可以信任你。这里已经有一支儿童十字军，而且这些小朋友没一个人回得来，我可不想因为跟这种事有所牵扯而负任何责任。当我们遭遇美军战车时，必须防止流血事件发生。你怎么想？'我告诉他，我认为把这群没有经验的男孩带到战场上面对训练精良的敌军无异于自杀。"

曾经见过大风大浪、在东线负伤而退役返家的保罗·史特瑞瑟曼费了好大一番功夫逃往西部，也许为大部分德国人的态度提供了一个典范："我绝对不会忘记，当我们见到第一批美军战车时，我心中的痛苦不安通通一扫而空。我认为那

进入希特勒的卫城
——柏林之战

1.斯大林二型重战车驶过柏林的街道。朱可夫的部队于4月21日抵达柏林的外围防线。

2.在激战过后，苏军官兵望着陷入熊熊烈火中的德国国会大厦。

3.红军的前锋部队把握机会，在柏林街头梳洗一番，背景是他们的战车和自走炮。

4.战斗的最后阶段。苏军士兵在一辆T-34战车和反战车炮的支援下，从希姆莱的皇宫地下室跃出，冲向德国国会大厦。整体来说，苏军第一线官兵对待柏林的平民百姓并不会特别差，与紧跟其后的第二线部队（许多人是刚从战俘营中被解放出来）相反。

5.胜利！1945年5月1日，苏联国旗在德国国会大厦楼顶升起。当红军于1945年4月30日进攻德国国会大厦时，该处的德国守军战至最后一人一弹，希特勒也在当天自尽，而柏林市则在5月2日投降。

6.红军在柏林也蒙受惨重伤亡，一个担架小组正赶忙把受伤的同志抬往安全地点。

些美国佬一定不明白，当我们看见他们时是多么安心。"

在柏林，战斗也几乎结束了。4月30日，柏林卫戍司令贺尔穆特·魏德林（Helmuth Weidling）中将报告弹药可能会在次日耗尽。尽管宣传部持续做出各种勉励和保证，但人民对于援兵已不抱持任何希望。当天下午，正当红军部队突击国会大厦，大厦内的德国守军忠实地坚持履行上级命令，努力奋战不懈直到最后一人一弹时，希特勒自杀了。在次日的暂时停火期间，德军试图谈判以避免无条件投降，但是魏德林决定必须停止战斗。在宣传部工作的布伦希德·彭塞尔（Brunhilde Pomsel）被叫到她的上司汉斯·弗利彻（Hans Fritzsche）面前，她还记得他"亲自向我口述柏林市的投降文告，这份文告会被交给苏军指挥官朱可夫将军。接下来我们花了几个钟头的时间用面粉袋缝制白旗，一名和我们在一起的白俄罗斯妇女将这份投降文告翻译成俄文，然后弗利彻和另外两个人带着这份文告和一面巨大的白旗离开防空洞"。朱可夫于5月2日接受投降。

全面投降

其间，5月3日，希特勒的继任者海军元帅邓尼兹（Dönitz）派出一个由海军上将弗利德贝尔格（Friedeberg）为首的代表团，抵达位于德国北部吕纳堡灌木丛区

→图为1945年5月3日，海军上将弗利德贝尔格与英国陆军元帅蒙哥马利在吕纳堡灌木丛区会面，代表德军在西线所有的武装部队投降。

←图为一名德国平民在一份英国或美国的报纸上读到战争结束的消息。德国所有的武装部队最后在5月7日向艾森豪威尔将军投降。

（Lüneberg Heath）的英国陆军元帅蒙哥马利（Montgomery）的总部，签署了一份投降文件，代表荷兰、德国西北部和丹麦地区的德国武装部队投降。不过，所有德军部队最后于5月7日向盟军最高统帅艾森豪威尔（Eisenhower）将军投降，相关条款于1945年5月8—9日间的午夜生效。投降文件的主要条款写着："我等以下签字者，代表德国国防军最高统帅部，特此无条件同时向盟国远征军最高统帅和苏军最高总指挥部交出目前仍在德国控制下之陆、海、空军武装部队。本投降书并不侵害任何由联合国或以联合国名义所签订并适用于全德国和德国所有武装力量投降总文件的合法性，并将以此总文件替代之。"

邓尼兹之后向军官团发出一份公文："同志们，吾等遭遇了历史上千年一遇之重挫，千年来属于我德意志人民的土地现在已落入苏联人手中（挥之不去的'布尔什维克游牧部落'想法即使在敌对状态结束后依然纠缠不已）……尽管今日我军已经土崩瓦解，吾国人民却不若1918年时之德意志，他们尚未四分五裂。无论吾等是否要创造另外一种形式的国家社会主义，或是顺应敌人强加在吾等身上之生活，都应该要确保国家社会主义带给吾等之团结在所有情况下都能够维系着。"两个星期后，他和德军最高统帅部的其余人员都被监禁。

希特勒的战争结束了，他的城市躺在一片废墟中，武装部队也备受重创。对那些在1945年5月依然活着的人来说，最迫在眉睫的任务就是继续活下去，紧接而来的则是家园和生活的重建。

第14章
反抗

虽然勇敢反抗希特勒政权的人来自各行各业，但在战争期间反抗运动的规模十分有限。首先，德国和纳粹主义愈来愈难以区别，或是愈来愈难以决定是否要为对抗政权而奋斗，或是为国家而战。再者，反抗活动必须在极度保密的情况下进行，因为在1939年9月1日后，批评德国进行战争成为一项死罪。由于盖世太保及其线民暗伏四处，因此有组织的政治反对运动不论规模大小都几乎不可能进行。事实是，即使战争局势到了末期不断恶化，德国社会绝大多数人依然十分顺从希特勒政权，一个从1944年开始流传的柏林笑话反映了公众的此一态度："与其头被砍掉，我宁可相信胜利。"

反抗运动可概括归纳为四种团体：共产党员、学生、教会和保守派精英分子。在战争爆发后，对反抗分子来说主要的问题是，人们一致性地认为反抗纳粹政权的活动不但不爱国，甚至是谋反。这对共产党员的反抗活动来说不是一个太大的问题，因为在意识形态上，他们的主要忠诚对象不是国家，而是国际劳动阶级，他们对纳粹主义的目标与价值完全没有共鸣。自从1933年开始，共产党员就已因为纳粹的压迫而牺牲，战争的爆发扰乱了德国共产党残余的组织，共产党的领导阶层曾以巴黎为基地，但很快就被拘禁或被迫逃亡。在1940年德国人占领法国后，情况甚至变得更糟，德国国内的共产党员大幅度限制他们的活动至只和同志保持联系，因此共产党发放的宣传单数量从1938年的1000份下降至1940年4

← ← 图为亨宁·冯·特瑞斯科夫（Henning von Tresckow）少将，他曾多次发起谋杀希特勒的行动，包括"女武神计划"。

← 图为路德维希·冯·贝克（Ludwing von Beck）将军，纳粹政权的首要反对分子。

月的82份；同样地，被逮捕的共产党员数目也从1937年1月的超过950名，下降至1940年4月的70名，然后就差不多维持这个水准。1941年6月，德国入侵苏联，对共产党的反抗运动产生了振奋的效果，在1941年上半年，被警方查获的传单数量依然维持在低水准，但在该年7月却增加到3787份，并在10月达到高峰，共计有10227份。以下就是罗伯特·乌里希（Robert Uhrig）在柏林共产党支部的一个例子："中产阶级的公民、农民、工人——你们都是爱国者！德意志正在危险之中！它正处于来自内部的危险。如果船只遇难，人们会把每一件会威胁到他们的东西扔下甲板，因此我们要从中移除每一样会伤害这个国家的东西……希特勒不能代表国家，我们人民才可以！现在，人民一定要组织起来。工农阶级要组织起来，其他中产阶级也要。为了自由且独立的德意志，一定要组成一个民族阵线并肩前进。一定要为德意志战斗！"

左派

共产党的组织非常容易受到盖世太保破坏。乌里希组织在1942年春季被消灭，而到了次年，所有主要的共产党组织网络实际上均已遭破坏。到了战争结束时，在1933年时曾有多达30万名党员的德国共产党，差不多有一半的人都遭到某种形式的迫害，此外有2.5万至3万名共产党员被谋杀、处决或是死在集中营里。对共产党员来说，逮捕总是意味着死刑，或至少是一段长时间的监禁。共产党员华尔特·胡瑟曼（Walter Husemann）于1943年5月13日被处决前写给父亲的诀别信可以让我们一窥支撑着他们的决心。

"一定要坚强！在阶级斗争中，虽死犹生！自称为共产党员很简单，只要你不需要为此而流血。然而当大限来临时，你才能证明

↓图为宣信教会领导人尼莫勒牧师。他直言不讳地批评纳粹政权，希特勒于1937年亲自下令将他逮捕。

自己的价值。爸爸，我就是这种人……

"战争不会再拖得更久了，然后你的时刻就会降临！

"想想所有那些曾经走过我今天必须要走的路的人，我还是要沿着这条路继续走下去，并从纳粹身上学到一件事：每一个弱点必须以千万的鲜血来补偿。因此不要仁慈！保持坚强！

"我当然渴望能够在新的时代中活下去，不过没有办法活在新时代里让我感到很遗憾，但是列宁（Lenin）、李卜克内西〔Liebknecht，被谋杀的斯巴达克斯联盟（Spartakus League）领导人，也是德国共产党先驱〕、卢森堡〔罗莎·卢森堡（Rosa Luxemburg），被谋杀的斯巴达克斯联盟成员〕的成就比我多出了一千倍，也同样没能享受他们奋斗后创造的甜美果实。

"噢，爸爸，亲爱的爸爸，你真是一个好人！只要不必害怕您会因为我的死带来的冲击而崩溃，我就心满意足了。

"一定要坚强！坚强！坚强！

"证明您在阶级战争当中一直都是一位全力以赴的终生斗士！

"弗利达，帮助他，鼓舞他的精神。他绝对不能就此屈服。他的生命不属于他，而是属于整个运动！一定要比过去坚强！更

坚强！"

↑图为慕尼黑大学图书馆的前厅。1943年，白玫瑰运动的学生运动分子汉斯和苏菲·萧尔就是在这里撒下数以百计的反纳粹传单。

红色管弦乐团

也许德国共产党员的战时组织红色管弦乐团（Red Orchestra）所做的努力更具戏剧性。其柏林小组是由资深的公务人员组成，与前文提到的一般劳工相反，他们提供情报给苏联，并协助苏联特工。该组织在1942年被警方查获，成员均遭到处决。1948年时，一名曾参与起诉红色管弦乐团相关事宜的律师向美国官方描述此一团体的活动：

"被送往苏联的资讯囊括德国的军事动态和经济状况，当中包括相当机密的事情，涉入其中的人借由他们在机关里的人脉设法发掘出情报来……苏联情报机构得知新的空军兵器、德军在东线策划中的攻击、预计投入使用的俄罗斯志愿单位，还有在高加索的空中支援……其他的资讯还涵盖德国的工业基地和工业生产。就我收集到的资料来看，背叛的真正程度比实际上被发现的要来得深很多。我们决不能低估交给苏联人的那些情报，其对一系列军事事件必定造成显著的影响。"

白玫瑰组织（White Rose）在1942年至1943年间于慕尼黑大学茁壮成长，该组织的核心人物是汉斯·萧尔（Hans Scholl）

→图为1942年至1944年的法国军事总督卡尔-海因里希·冯·史图普纳格（Carl-Heinrich von Stülpnagel）将军，他是1944年7月20日事变的关键分子，后来被纳粹处决。

与苏菲·萧尔（Sophie Scholl）兄妹。1942年秋季，成员有他们俩再加上朋友威利·格拉夫（Willi Graf）、克里斯多福·普罗布斯特（Christoph Probst）、亚历山大·史摩瑞厄（Alexander Schmorell），还有哲学教授库尔特·胡伯（Kurt Huber）。由萧尔兄妹编写一系列批评纳粹政权的宣传单，试图掀起一股反对希特勒的学生运动。以下就是他们第一本宣传小册中的一段话："可以肯定的是，今天每一个正直的德国人都以他的政府为耻。当有那么一天，我们面前的遮羞布被摘下，而最可怕的罪行，那完全、彻底、无限制地远远超出任何人类范畴的罪行重现天日的时候，有谁能清楚了解到这对我们来说会有多么羞耻？如果德意志的人民已经如此败坏、精神上堕落到会去愚蠢地相信就历史秩序而言合法这一相当可疑的信念，而不会举起手来反抗；如果他们拱手让出使一个人高于所有其他上帝创造的生物之最高原则，也就是他的自由意志；如果他们放弃采取果断行动的决心去转动历史的巨轮，并出于自己的理性决定臣服于它；如果他们如此欠缺个体性，已经沿着朝向变成一团萎靡不振和胆小的这条路走了那么远的话——那么，没错，他们是应该被毁灭……不论你身处何地，进行消极的抵抗，在为时已晚之前预先阻止这部无神论战争机器的扩张……千万别忘记每一个人都要为他愿意容忍的政权负责。"

萧尔兄妹之死

萧尔的姐姐英格·埃贺-萧尔（Inge Aicher-Scholl）描述了1943年2月18日发生的事情："汉斯和苏菲在到学校上课前，在一只手提箱里装满了传单。他们俩在出发前神情十分愉悦，但苏菲做了一个她无法完全忘怀的梦：盖世太保把他们逮捕了。他们抵达学校后，因为讲堂的大门随时都会打开，因此他们连忙把手提箱里的传单放在走廊上，还把传单从二楼撒到入口大厅里，但还是被一位工友看见了，校园里所有的门马上都被锁起来，他们的命运注定了。盖世太保立即接获通报并逮捕他们。"

由罗兰·福莱斯勒（Roland Freisler）主持的人民法院审判了萧尔兄妹，并判处他们死刑。汉斯和苏菲看起来相当确定他们的行动会得到同学们支持。在1943年11月22日，也就是苏菲被处决的那天早晨，她对一名狱友说道："如果我们所做的一切可以使成千上万的人振作并觉醒，那我们的死又算得了什么呢？学生们一定会挺身而出！"不幸的是，事实并非如她所愿。在那天晚上，官方的学生会举办了一场游行，表达他们对纳粹政权的支持，共有3000名学生出席，一名参与游行的学生还记得："那场游行……是那些日子里我最糟糕的回忆之一，数以百计的学生边欢呼边跺脚，欢迎告发萧尔兄妹的工友，他站在前方，张开双臂接受他们英雄式的欢迎。"

英格·埃贺-萧尔详细叙述了她的弟弟和妹妹之死："他们被带走，苏菲是第一个，她没有退缩。刽子手说他以前从未看过有任何人像这样死去，还有汉斯，他在把头放上断头台之前，铆足了劲大声地喊出'自由万岁！'声音回荡在整座监狱里。"

希特勒并不十分尊重宗教。他认为"所有的教派（教会）都是一个样。无论你选择了哪一个，都不会有未来。无论如何对德国人来说没有。以上帝之名，（意大利）法西斯主义也许会与教会和解。我也会这样做，为什么不呢？这不会阻止我将基督教的根基和分支从德国连根拔起。你要么是基督徒，要么是德国人，不能两个都是"。不过，尽管希特勒从根本上对基督教会怀有敌意，但对他来说控诉大部分德国人都是其中一分子的宗教组织却很困难。在新教和天主教教会内部的反抗力量大部分将焦点集中在教会的自治权上，不过教会在任何可能的时候都会避免跟政权发生冲突，并同情纳粹所宣称其扮演对抗无神论布尔什维克主义卫城的角色；的确，教会对大部分的战争努力是支持的，特别是在1941年进攻苏联之后。希特勒将新教纳粹化的企图导致马丁·尼莫勒建立了公开反对纳粹的宣信教会。他在1934年与希特勒会面，希特勒告诉他："管好你的教会就好，我会负责照顾德国人民。"尼莫勒回答："总理先生，您现在说'我会负责照顾德国人民'，但我们身为基督徒和

↓图为人民法院院长罗兰·福莱斯勒。他是一名热情的纳粹党员，负责主持萧尔兄妹和1944年7月20日阴谋分子的审判，并当庭大声侮辱被告。

神职人员，也对德国人民负有责任。这份责任是上帝交付给我们的，您或世界上其他任何人都没有权力把这份责任从我们身上拿走。"当尼莫勒最终在1937年被逮捕时，是希特勒亲自交代的指示。尼莫勒在第二次世界大战后承认，宣信教会"在希特勒统治的时代或之后都没有强调身为'反抗运动'的价值"。他仅仅是想要"在我们的世界和时代证明神的言语"。

有些个别的神职人员大声疾呼，反对纳粹政权部分较严重的虐待行为。林堡（Limburg）的西尔福利希（Hilfrich）主教于1941年8月13日写信给帝国司法部长，抗议将患有精神疾病与肢体障碍的德国人安乐死的政策："所有敬畏上帝的人民都感觉灭绝无依无助的人是罪大恶极的，假如这跟说如果还有一个公正的神，德国就无法赢得战争一样，那么这些声明就不是肇因于缺乏对祖国的热爱，相反地，是出自一种对我民族深切挂虑的心境……作为维护道德观念的政府的威信，因为这些重大事件而遭受可怕的持续精神打击。"早在十天前，明斯特（Münster）的嘉伦（von Galen）主教在一场公开的布道仪式中，辨认出特定的安乐死受害者，并预言如果德国人民宽恕违反"不可杀人"戒律的行为，将招致毁灭。就这么一次，此一反抗

行动获得成功，希特勒亲自下令停止安乐死政策。然而在最后的分析中，德国的教会无法进行协同一致且首尾连贯的反对纳粹政权运动。

在战前，有一些资深陆军军官、外交官与政府官员愈来愈关注纳粹政权的成形。1938年时，他们醒悟的时机成熟，这反映出德国保守派精英和纳粹党的分裂，以及希特勒愈发攻击性的外交政策愈来愈受到关注，因为这可能会导致发生一场令德国输掉的战争。

早期的反纳粹计划

在1938年时已有一些推翻希特勒的计划存在，但在慕尼黑的成功导致密谋取消，然而战争的爆发和部分军事单位于波兰的野蛮行径却导致保守派精英的忧虑复苏。乌尔利希·冯·哈塞尔（Ulrich von Hassel）在1939年10月的日记中提到："在柏林消息灵通的人士之间，我注意到许多人感到绝望……愈来愈察觉到我们将有大难临头。主要的看法包括确信在军事上无法赢得战争、明白局势极度危险、感觉被犯罪投机分子领导，以及通过在波兰境内进行战争玷污德国人名声的耻辱……当人们用左轮手枪把聚集在犹太教堂内的犹太人射倒在地时，这件事就已充满耻辱……而在这时候，像尼莫勒这样的人已经在集中营里关了好几年！今天，大部分政治头脑敏锐的人和消息灵通人士的状况……老实说很悲惨。他们从爱国、从社会的角度思考，不能指望胜利……他们看不出来有什么方式可以脱身……因为对于军事领袖在决定性时刻拥有足够的洞察力和意志力方面缺乏信心。"

将保守派的反抗视为好像是个单一概念是极不准确的，如同德国历史学家约阿希姆·费斯特（Joachim Fest）所指出的："这是一个松散的结合体，许多团体只因为嫌恶这个政权而公正且私下地联合起来。"他分辨出三个"轮廓稍微锐利些"的群体。

首先是"克莱稍团体"（Kreisau Circle），是依据贵族贺尔穆特·詹姆斯·冯·毛奇（Helmuth James von Moltke）位于西里西亚（Silesia）的庄园而命名。克莱稍团体主要是一个由一群情操高尚的朋友们组成的讨论社团，如同平民一样，其实际执行反叛行动的机会非常有限。毛奇是一位外交部官

员，对于德国指导战争的方式感到非常害怕，他在1943年10月21日写给妻子的一封信中提到："当我写这封信的时候，大规模屠杀正在法国进行，不过所有那些跟在波兰和苏联发生的事比起来只是小孩子扮家家酒而已。我怎么能受得了，并如同往常一样坐在温暖的房间里喝下午茶呢？这样的话我不就成了共犯了吗？当某人问我'在这段时间内你做了些什么？'我要怎么回答？"

也有一群保守派和民族主义分子聚集在前莱比锡市市长卡尔·戈尔德勒（Carl Goerdeler）和前陆军参谋长路德维希·贝克（Ludwig Beck）将军身边，冯·哈塞尔是其中一人。戈尔德勒不顾一切地努

力吸收资深军人参与他的反希特勒运动。在1943年7月23日写给克鲁格元帅的一封信中，他概述了对这个政权的深恶痛绝，以及这场战争的毫无意义之处："我们一定要阻止继续放任这些傻瓜将他们的幻想和谎言加诸在德国人民身上，阻止他们宣称本是一场出于主宰欲望的征服战争是一场真正的防卫战争。我们不需要害怕布尔什维克主义和盎格鲁撒克逊人（Anglo-Saxon）……他们太依赖我们的力量和能力。但正派德国人一定要再一次代表德国的利益。"

最后，有一群年轻的军官，比如克劳斯·绅克·冯·史陶芬伯格（Klaus Schenk von Stauffenberg）、亨宁·冯·特瑞斯科夫（Henning von Tresckow）和弗里德里希·欧布利希特（Friedrich Olbricht），他们没有显著的意识形态联结，却为此一活动注入了急需的活力。特瑞斯科夫曾数次企图暗杀希特勒，包括1943年3月时在斯摩棱斯克（Smolensk）炸毁希特勒的座机。史陶芬伯格是一位曾获颁勋章的战争英雄，在突尼斯（Tunisia）失去了右手和左眼，对毁灭感到厌倦："如果我没有采取什么行动来阻止这没有意义的屠杀的话，我可能再也无

↑图为埃里希·霍普纳（Erich Höppener）上将，7月20日炸弹阴谋事件的共谋之一，被判处死刑。

↑图为在谋杀失败后，（左起）凯特尔（Keitel）、戈林与希特勒在拉斯滕堡（Rastenburg）。凯特尔外号"马屁精"，于1946年在纽伦堡被处决。

法坦然面对阵亡将士的妻子们和孩子们。"他已察觉他所面对的困境："现在该是行动的时候了。但是有勇气采取行动的人一定要了解，他会以叛国者的身份被载入史册；不过他如果没有这么做的话，就会成为良知的叛徒。"他是一位保守的君主主义者，在初期曾支持纳粹运动，但到了1943年，他却向同僚把希特勒描述成一名反基督者！

史陶芬伯格、贝克和戈尔德勒终于决定要在1944年夏季采取决定性行动："必须不惜一切代价尝试进行暗杀，我们一定要向全世界证明德国反抗运动人士敢于采取决定性的一步，并在这件事上冒生命危险。和这个目标比起来，其他事都算不了什么。"

史陶芬伯格拟订计划，并命名为"女武神行动"（Valkyrie）。这个行动将暗杀希特勒、在柏林建立军事政府、压制盖世太保和党卫军，并寻求和平。他决定亲自执行实际的暗杀行动，他适合这么做，因为他身为后备军的参谋长，可以时常进出希特勒位于东普鲁士的总部。1944年7月20日，史陶芬伯格将一个装有1000克塑胶炸药的公事包放在希特勒主持晨间会的会议桌下,然后悄悄地离开房间"去打一通电话"。赫贝尔特·布赫斯(Herbert Büchs)是一名出席该场会议的空军参谋军官:"我走过去站在希特勒的左边,就在大会议桌的最左侧,门就在希特勒的背后,我还记得当时是12时37分。会议在12时30分准时开始,因此我只错过刚开始的几分钟,史陶芬伯格那时一定已经离开会议室了。然后炸弹爆炸,一阵明亮的黄色闪光使每一个人都倒在地上,那根本是一团混乱。我看见站在窗户附近的约翰·冯·弗莱恩德(John von Freyend)中校跳了出去,因为根本没有人知道发生了什么事,因此我也从那个窗口跳出去了。"

阴谋失败

希特勒受到严重惊吓,长裤被炸得稀烂,并受到轻伤,但他没有死。他的参谋军官中有三个人被炸死,但炸弹的威力大部分都被厚实的木制大会议桌吸收,也通过木造小屋脆弱的墙壁分散,换做是一座混凝土碉堡的话就会将爆炸产生的震波局限在内部。史陶芬伯格目睹爆炸,信心满满地认为希特勒已被炸死,因此随即搭机前往柏林。当

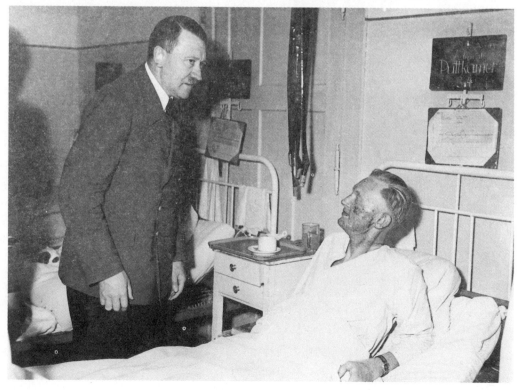

↓图为希特勒探视被史陶芬伯格引爆的炸弹炸成重伤的海军将领普特卡默(Puttkamer)。元首的幕僚人员另有三人在爆炸中殒命。

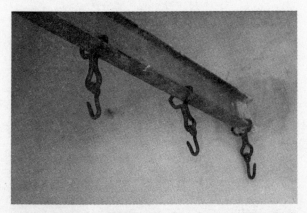

↑希特勒告诉福莱斯勒："我希望他们被吊死，就像被屠宰的牛一样高高地挂起来。""阴谋分子"就这样被挂在肉钩上，同时用钢琴弦活活勒死。

→1946年，英国的犹太人在贝尔森（Belsen）集中营外竖立这块纪念碑，以纪念该营中的受害者，上面写着："不要让这块土地盖住他们的鲜血。"

他抵达后，在火车上下令展开女武神计划接下来的部分。不过位于柏林、奉派前往逮捕戈培尔的大德意志营营长却接受戈培尔的劝说，相信希特勒还活着，因此反而出动他的营去逮捕阴谋分子。"接着就是一阵短暂的交火和十足的骚乱。"一名共谋者弗里德里希·葛欧吉（Friedrich Georgi）回忆："在困惑不已的情况下，你到处都可以听到一个军官询问另一名军官'你是支持还是反对元首？'"史陶芬伯格当晚就被枪毙，但他算走运的了。希特勒的生还代表政变失败，如同他告诉墨索里尼的："我就站在这张桌子的旁边，那颗炸弹就在我的脚边爆炸……很明显我一点事都没有。这无疑是我的天命，我注定要在这条路上继续前进，并完成我的使命……今天在这里发生的事就是高潮！现在我逃过了死神……我比以往更加确信，我努力奋斗的伟大目标将会渡过目前的险境，每一件事到最后都

会有美好的结果。"

希特勒以此次阴谋为借口，处决了将近5000名反对分子，不管有没有牵涉其中一律格杀勿论（据估计还有另外10000人被送进集中营），每一名在前文中提到的7月政变阴谋分子都被处决了。此举掀起了一阵漫无目的的逮捕潮，紧接而来的就是酷刑以及由人民法庭庭长罗兰·福莱斯勒主持的公审，迅速判处死刑并执行。在许多案例中，受刑人被吊在挂肉钩上，用钢琴弦慢慢绞死，据说希特勒曾将处刑的过程拍成影片，并津津有味地观赏他们被处死的那一刻。这些人留给未来世代德国人的遗产，就是抵抗纳粹主义的象征。

第15章

种族灭绝

1944年冬天，"克莱稍团体"一名成员的妻子克莉斯塔贝尔·毕伦贝尔格（Christabel Bielenberg）搭乘火车时，与一名年轻的拉脱维亚籍党卫军士兵坐在同一节火车车厢里，他向她详加描述了他在波兰的经验："嗯，他们告诉我们可以向敌人报仇，然后就把我们送到波兰。当然不是去和波兰人战斗，他们在很久以前就已经被打败了，而是去杀死犹太人。我们只要负责开枪就好，其他人会负责掩埋。"他深深地叹了一口气，"杀掉在机关枪旁边围成半圆形站着的犹太人，男人、女人和儿童，你知道那意味着什么吗？我隶属于一个被称为特别行动突击队（Einsatzkommando）的单位，一

↓除了1万具未被掩埋的尸体外，英军还发现一处有4万具尸体的万人冢。

个灭绝小组，所以我知道。当我告诉你有一个小男孩，不会比我的弟弟大，在这样的屠杀前立正站好然后问我'叔叔，我站得够直吗？'你觉得如何？没错，他就是这样问我。还有一次，当他们在我们周围排成圆圈站好时，一位老人走出队伍，他有着一头长发和胡须，我想应该是某个教士吧，无论如何他慢慢地走过草皮靠近我们，一步接着一步缓慢地走着，然后在离机关枪只有几英尺时停下了脚步，用严肃、深邃、阴沉且可怕的眼神看着我们每一个人，然后说：'我的孩子们，人在做，天在看。'他转过身去，没走几步路就被某个家伙从背后给一枪毙命，但是我——我无法忘记那个眼神，就算把我烧成灰也一样。"

这名拉脱维亚党卫军士兵显然被他犯下的可怕罪行深深困扰着，不过他在某种程度上还是一个很体贴的人。毕伦贝尔格在车厢里睡着了："在火车抵达图特林根（Tuttlingen）前我醒来两次。有一次是当火车在一个车站猛然一推地停了下来，我感觉身体暖了些，而我的头正靠在一个硬得让人不舒服的东西上。那个人换了位置并坐在我旁边，大衣盖在我的膝盖上，我的头则靠在他的肩上，脸颊就压在他的党卫军肩章上。在半明半暗

↓图为犹太妇女被关在运送牲畜的货车中，被载往奥斯维辛。那些在所谓"重安置特别列车"里的人们，对于他们的目的地均感到十分害怕。

在我第二次看着他的脸，也许我神经抽了一下了。他看起来很平静，几乎像个孩子一样……等到下一次我醒来时，火车正在行驶，但车厢里已空无一人。"

这样的传闻引发了几个令人忧心的问题：一般的男人和女人到底是如何犯下如此罪行的？此外，被灭绝的犹太人数量过于庞大，德国大众真的对发生在欧洲犹太人身上的事一无所知吗？

几乎从希特勒一上台起，纳粹就开始针对德国的犹太人制定差别待遇法案。纳粹党誓要建立一个将犹太人与德国人区隔开来，并且否认他们的生活和文化地位的德国。

在一些小城镇，犹太人被驱逐，并被迫迁移到较大的城镇或大城市，或干脆移民；在战间期，纳粹德国持续将犹太人排除在主流生活之外，并鼓励他们移民海外，离开德国。在这期间，尚无人预见对德国犹太人的大规模屠杀。在1933年至1938年间，死在集中营——设立为惩罚政治异议分子并被杀害数以千计的共产党员、社会民主人士和不受欢迎的人物的犹太人数量，还不到100人。但随着战争脚步的逼近，暴力的层次也跟着升高，举例来说，在1938年11月，有91名犹太人在被称为"水晶之夜"的夜间烧杀劫掠中遇害；在接下来的6个月之内，死在德国集中

↑图为1938年11月9日至10日的水晶之夜中，马格德堡一座犹太教会堂在当晚遭到纳粹分子劫掠，而犹太人财产被放火焚烧后的景象。

→图为帝国安全总局第四处种族与重安置办公室主任阿道夫·艾希曼。

营内的犹太人数量开始升高。

系统性屠杀

战争的爆发导致了解决手段的改变。紧接着在一路势如破竹的陆军后面而来的，是特别行动部队（这些部队是特殊的营级单位，附属在正规陆军之下，负责处决工作，他们的任务是围捕共产党官员、"劣等亚洲人"和犹太人并消灭他们），他们开始有系统地谋杀波兰的知识分子、各级领导人、神职人员，当然还有波兰犹太人。反纳粹的德国军事情报局局长海军上将威廉·卡纳里斯（Wilhelm Canaris）报告说，党卫军指挥官们夸口一天杀了200个人。在被杀害的1万名波兰人当中，大约有3000人是犹太人，然而这并不是灭绝计划的一部分。从1940年春季开始，德国人开始把波兰的犹太人集中到几个主要城市的犹太人居住区，公然的反犹态度更促进了这样的不平等待遇，这是德国犹太人到目前为止所经历过最极端的仇视；到了1941年，犹太人居住区的发展已经十分完备，尽管当局蓄意的粮食配给政策导致了饥荒，大量波兰犹太人依然在犹太人居住区里勉强度日。

然而德国进攻苏联导致了欧洲人对犹太人更进一步的迫害。希特勒警告他的将领们这将是一场依照种族路线进行的战争："我们讨论的是一场灭绝战争。"在1941年6月展开进攻之前，他颁布了一道政委命令，其中要求只要俘获苏军政委一律枪毙。特别行动部队由党卫军的莱因哈德·海德里希指挥，得到的指示是只杀死"为党和国家服务的犹太人"，不过大部分人都不会怀疑这些命令会被扩大解释为杀害所有犹太人的指令，导致在6个月之内就有100万犹太人遇害，而且他们是在与本章开头引述的拉脱维亚籍党卫军士兵谈话十分类似的情况下遇害。特别行动部队的单位人数仅有3000左右，这又引发了他们是如何在这么短的时间之内杀害那么多人的疑问，答案就是陆军的合作。当希特勒麾下各级指挥官收到政委命令时，没有多少人反对，即便有也不多。第4装甲军团司令赫尔曼·霍特宣布："消灭上述的犹太布尔什维克主义支持者及其进行谋杀的组织团体，还有游击队员，是一种自卫手段。"

就在接手第11军团指挥权不久前，冯·曼施坦因（von Manstein）将军说："必须永久根除犹太-布尔什维克体系。"1941年10月10日，陆军元帅冯·赖赫劳（von Reichenau）给第6军团的命令清楚地指明国防军针对乌克兰犹太人的暴行负有责任："在东线战场上，军人不但是要依照战争规则战斗的人，也是国家理念的无情旗手，还是针对德国人民的所有兽行的复仇者。基于此一理由，士兵们一定要完全正确认识到将严苛却公正的惩罚加诸在次等犹太人种身上的必要性。"他的部队的责任是"将德国人民永远地从犹太-亚洲人的威胁中解放出来"。当处理大批人口时，正规德军部队不可避免地会牵涉其中。一名在各国防军部队间巡回演出的剧团演员多罗泰亚·施洛瑟（Dorothea Schlösser）回忆道："当我在波兰的一场巡回演出中唱歌劳军时，士兵们告诉我发生在波兰人身上的可怕事情，每一个人看起来都像是说犹太人被一

↓莱因哈德·海德里希是希姆莱的副手，也是党卫军帝国安全总局的局长。

卡车又一卡车地载来，然后杀掉，当他们谈论这些事的时候，就像孩子一样哭泣。我永远也不会忘记我在华沙的一次经历，当我站在舞台下准备上台时，我注意到观众里有一群年轻士兵。当舞者在台上跳舞时，他们当中的一位开始歇斯底里地狂笑，并说：'我今晚已经看过一群人跳舞了，就是我们抓走的那群犹太人！'然后他开始抽抽噎噎地说：'他们为什么不保卫自己呢？'"

不是所有的人都像上文提到的年轻士兵一样会受到心理创伤。第6军团被迫在1941年8月发布如下指令："在军团责任区里的各种地方，保防处、党卫军和德国警察首长辖下各机关已经对罪犯、布尔什维克分子以及最主要的犹太人进行必要处理。有一些情况中，休班的士兵需志愿协助保防处处决，或是在旁观看并拍照。"这些命令证明大部分的国防军指挥链意识到灭绝政策的存在。尽管有上述的指令，部队仍持续涉入反犹太人的行动中，安东尼·毕佛解释了原因："经过纳粹政权长达9年的反斯拉夫人和反犹宣传后，即使他们当中有少数人有意做出不符纳粹价值观的行为，德军士兵一定会虐待平民，虽然当对平民最自然的怜悯变质成基于妇女和儿童不该出现在交战区里的矛盾愤怒，战争的本质催生了原始又复杂的情绪，但还是有例子指出士兵们不情愿执行处决。"

勇敢的抗议

有些人抗议了。一名空军军官马丁·科勒（Martin Koller）在搭火车返家休假时，有过一次与莉斯塔贝尔·毕伦贝尔格的经历非常类似的对话："我们天南地北地聊，从战争到私人生活的任何主题都不放过，然后他说到曾在波罗的海某地参与射杀犹太人的行动，应该有超过3000人，他们必须为自己挖出一个'和足球场一样大'的坟墓。他在对我说这些的时候还有点得意，我完全不知所措，问了几个笨问题，像是'这是真的吗？''是怎么办到的？''谁指挥这些行动？'而每个问题都得到确切的答案，这是真的，任何人都可以去查个明白。一队12个人，全都配备冲锋枪，还有一挺机枪，所需弹药由国防军官方统筹供应，还有一名党卫军中尉是行动的指挥官，他记不起他的名字了。我感到困惑，并开始直冒冷汗，这种事跟我对我自己、我的国家、这个世界，还有这场战争的想象截然不同。这真的是太残忍了，我完全无法领会。'方便让我看一下你的身份证明吗？'我问道，还有'你介意我记录下来吗？'他一点也不介意，还是一样

←←图为保防处人员在波兰执勤。紧跟在德国陆军之后的是特别行动部队，他们开始有系统地谋杀波兰社会的部分人士。

↑法国的犹太人遭到围捕，并被驱逐到集中营里。德国人光是在法国就驱逐并杀害了83000名犹太人。

以他做过的事为傲，就跟我以击落敌机为傲一样。我把他的姓名潦草地写在一个香烟盒子上，此时我的脑筋转了起来：要是他讲的都是真的，这样的话我就不能再穿上德军制服；若是他说谎的话，那么他就不能再穿上德军制服。我能做什么？我应该做什么？我的军事直觉告诉我，'把这件事向上报！'"

科勒果真打了一份报告上去，但一位资深军官把这份报告压下来。尽管纳粹政权竭力将犹太人的命运保密，然而有关他们的消息无疑确实四处流传。保守派反抗分子贺尔穆特·冯·毛奇是莉斯塔贝尔·毕伦贝尔格的丈夫的一位友人，他劝导一位于党卫军疗养院工作的护士，该疗养院负责照顾因射杀犹太妇女和儿童而精神崩溃的士兵。军方和政界人士公开讨论种族政策和暴行，对小群的政策制定精英来说消息是不会有流通限制的。由萧尔兄妹领导的慕尼黑大学白玫瑰学生组织在他们其中一本反纳粹小册中包含如下一段话："自从波兰被征服以来，已有30万名犹太人惨遭杀害……以最凶暴下流的手段。我们在这里看到的是针对人类尊严最骇人听闻的罪行，这个罪行在整个历史上是前所未有的。"1943年夏季，在法兰克福（Frankfurt）和柏林有大量传言指出，被驱逐的犹太人全都被毒气毒死了。

德国当局在东线上对犹太人进行屠杀的政策，到后来就变成众所周知的犹太人问题"最终解决方案"。此一解决方案在1942年1月的万湖会议中定形，目标是灭绝全欧洲的犹太人。生活在全欧洲境内的犹太人，不管是被关在波兰的犹太人居住区还是仍住在自己的房子里，都会遭到围捕，然后被扣押在各地的拘留营中，接着再被强制迁

移，由火车运往远方的集中营，他们在那里不是劳动到死，就是被送进毒气室毒死。如此大规模的任务必须取得比起军方协助更多的支援，许多民间组织涉入将犹太人从德国和欧洲其他地方强制迁移的任务，但后者后来时常宣称对他们在"最终解决方案"里扮演的角色毫不知情。

接下来的文字是战争结束后对一名资深铁路官员的访问：

访问者：为什么特别专车在战争期间的数量要比战前或战后还多？

↓图为华沙的犹太人居住区内一景。1941年，犹太人居住区内的每日粮食配给为184卡路里，波兰人为669卡路里，德国人则为2163卡路里。

铁路官员：我知道你问这个是什么意思。你指的是那些所谓的再安置专车。

访问者："再安置"，就是这个。

铁路官员：他们是这样称呼的。那些专车是帝国运输部下的命令。你需要该部的命令。

访问者：在柏林？

铁路官员：没错。至于实施哪些命令，柏林的东部交通总办公室会负责处理。

访问者：是的，我懂。

铁路官员：清楚了吗？

访问者：非常清楚。但最重要的是，在那个时候，谁是被"再安置"的对象？

铁路官员：不！这个我们不知道。只有当我们从华沙逃出来的时候，才知道那些人可能是犹太人、罪犯，或是一些类似的人。

访问者：犹太人、罪犯？

铁路官员：罪犯，各式各样的罪犯。

访问者：为罪犯而开的特别专车？

铁路官员：不，那只是一种说法而已。你不能谈论这类话题，除非你活腻了，否则最好不要去碰那些东西。

访问者：但是你知道开到特雷

↓1943年，华沙犹太人居住区内的犹太人遭到围捕。当德国人于1943年4月开始肃清犹太人居住区时，遭遇了相当强硬的抵抗。

布林卡（Treblinka）或奥斯维辛的火车是……

铁路官员：我们当然知道。我是最后一个辖区，没有我的话，这些列车无法抵达它们的目的地。举个例子来说吧，一列从埃森发车的火车一定会行经伍珀塔尔（Wuppertal）、汉诺威、马格德堡（Magdeburg）、柏林、法兰克福/奥得、波森（Posen）、华沙等管区，因此我得……

访问者：你知道特雷布林卡就是灭绝营吗？

铁路官员：当然不知道！

访问者：你不知道？

铁路官员：天啊！不知道！我们怎么可能知道！我根本就没去过特雷布林卡。我一直都待在克拉科夫（Krakow）、华沙，整天坐在办公桌前。

访问者：可是你是……

铁路官员：严格说起来我是个行政官！

访问者：我懂了。但是特别专车部门的工作人员从未听说过"最终解决方案"实在是很让人惊讶。

铁路官员：那时正在打仗。

访问者：因为其他铁路工作人员知道，比如列车长。

铁路官员：没错，他们看到了，他们确实看到了。但至于发生了什么事，我没看到。

访问者：对你来说特雷布林卡是什么？特雷布林卡或奥斯维辛？

铁路官员：嗯，对我们来说特雷布林卡、贝尔兹克（Belzec）和所有那些地方都是集中营。

访问者：一个终点站？

铁路官员：没错，就是这样。

访问者：但不是死亡？

↑图为解放后的贝尔森集中营。在接下来的数周期间，集中营内超过一半的囚犯因营养不良、斑疹伤寒和痢疾而死亡。

人间地狱——集中营

1.达豪集中营的毒气室。被挑选出要被处死的囚犯会在特别设计的毒气室中被毒死。毒杀的过程通常经过伪装，许多毒气室会挂上"淋浴间"的牌子。

2.犹太人走下火车。接下来他们会被挑选进行劳动或是被立即毒杀。

3. 贝尔森集中营的女性守卫。图中央是伊尔玛·格瑞瑟（Irma Grese），号称"贝尔森的野兽"，也是集中营指挥官约瑟夫·克拉默（Josef Kramer）的情妇。

4. 但泽附近史图鲁特霍夫（Strutthof）集中营的通电篱墙、守卫塔与探照灯。

5. 贝尔森集中营的焚化炉。处理数量如此庞大的尸体是道难题，焚化是优先的处理方式。

6. 儿童一定得处理掉，因为他们年龄太小，无法工作。

7. 英军在贝尔森集中营发现的1万具未掩埋尸体的一部分。共计有600万名犹太人，也就是世界犹太人人口的1/3死于大屠杀中。

铁路官员：不，从来就不是……

这个人很可能没有说谎，也没有自觉去推论出他在"最终解决方案"的过程中扮演的角色是什么。基于当时的传言，再加上那些火车从未把任何人载回来的事实，我们可以很合理地假设，数以千计的德国运输部门官员多少认识到发生了什么事。最近的历史研究，比如丹尼尔·戈德哈根（Daniel Goldhagen）的《希特勒的志愿刽子手》（*Hitler's Willing Executioners*），已令人信服地主张这种情况。运输部门工作人员不是唯一涉入的人，还有在犹太人出发前为他们检查的医生和护士，以及将最初的强制迁移讯息发送给德

→图为解放后，集中营的一名生还者在一堆破旧的衣服中拣选。集中营的灭绝作业持续进行，直到被盟军攻占为止。

国犹太人的邮政人员。德国国内的围捕工作由一般警察负责，而且犹太人时常是在光天化日下穿越街道并进行强制迁移的准备工作，而且莉斯塔贝尔·毕伦贝尔格和马丁·科勒的例子证明了有许多人直接涉嫌参与此一过程最残忍不堪的最终阶段，并且愿意去谈论这些事。虽然不太公开地谈论这些事情是明智的，但当人们试图倾诉心中的秘密时，在火车车厢或是酒吧里一定有过许许多多次的对话。最可能的解释看起来是即使大部分德国人民不是很明确且绝对知道当局正在进行对犹太人的系统性灭绝，但尽管如此他们一定曾经怀疑过某件事正在发生。唯一的结论是，也许部分要归咎于在希特勒统治的德国里对不顺从的惩罚，绝大多数德国人民对曾在他们周遭生活的犹太人的命运漠不关心，一直到最近为止。

至于那些被德国同胞围捕，并被德国人营运的列车送往国外至德国人管理的死亡集中营的德国犹太人，残酷的命运等待着他们。奥斯维辛的指挥官鲁道夫·赫斯（Rudolf Höss）解释："我们有两

↑图为英军部队监督贝尔森集中营内的粮食发放工作。当美军部队解放达豪集中营时，他们感到十分愤慨，当场就枪决了122名党卫军守卫。

↑1947年，布痕瓦尔德集中营指挥官的遗孀伊瑟·柯赫（Ilse Koch）因反人道罪行在达豪接受审判，其罪行包括拥有人皮制成的灯罩。

名党卫军医生值班检查新运来囚犯的身体状况。这些人将被强迫通过其中一位医生面前，由他现场做决定。那些适合劳动的人就会被送进集中营，其他的人则会立即被送进灭绝厂。幼儿一定会被处理掉，理由是他们年龄太小，无法劳动。"

对那些抵达死亡集中营的人来说，这是骇人的折磨。特雷布林卡的例行公事和其他集中营很像。牲

畜车厢的门闩一拉开，集中营的守卫就会用鞭子和警犬把里面的人通通赶出来，到外面集合，男性和女性分开，然后把全身上下衣物脱光，接着交出他们的值钱物品。年老和身体虚弱的人会被带往医务室，但之后就会抵达一个集体坟墓，在那里每个人都会被人从后脑勺开枪击毙，然后扔进去。男人会先被送进毒气室里，因为处理他们花的时间比较少——妇女要先在毒气室里理发，由一个犹太人理发师小组操刀，每两分钟理一个人的头发。然后才会关上毒气室的大门。

库尔特·盖尔史坦（Kurt Gerstein）医师是贝尔兹克的消毒官，曾目击"典型"的毒气毒杀过程："他们看起来似乎是死后有灵，紧紧握住其他人的手，到死都不放开，如此一来为了清空毒气室以准备毒死下一批人时就会很困难，因为很难把尸体分开。工作人员把被汗水和尿液沾湿、腿部被排泄物和血液溅到的尸体往外扔，儿童的尸体飞过空中……24名牙医用钩子撬开嘴巴，寻找金子做的假牙，有金质假牙的尸体摆左边，没有的摆右边，其他的牙医则用钳子和铁锤把金质假牙和假齿冠从嘴里拔出来。"

那些"运气够好"逃过筛选的人则面临因超时工作和饥馑而死的命运，或甚至死于集中营警卫的手

里，他们大部分是因为对苦难毫不在乎以及愿意执行最惨无人道的命令而中选。朵拉·弗克尔（Dora Völkel）回忆道："我们经常遭受殴打，几乎没有东西可以吃。你可以看见人类变成动物，许多人丧失所有人类尊严的意识……我们被迫把沉重的石头从一个地方搬到另一个地方，必须带着一块石头走大约1000米远的路，把它放下来，捡起另一块石头，然后把它带回到原本出发的地方。当然还可以看见火焰，明亮的火焰从烟囱中升起，你不可能不去注意。它夜以继日地燃烧，我们说：'今晚在烧匈牙利人，什么时候轮到我们？'"

到了1944年4月，在德国控制的领土上共有13个母营和500个子营运作着。规模最大的死亡集中营位于上西里西亚东部的奥斯维辛，起初这座集中营主要是负责关押波兰政治犯，后来迅速地扩充

←图为1945年3月，美军步兵行经科隆的圣塞佛林（St Severin）教堂。在该市超过100万的人口中，当时只有15万人还留在市区内。

为劳动营，然后是灭绝营。这座集中营被分成三个区域：奥斯维辛1号营，也就是原本的集中营；奥斯维辛2号营，位于比尔克瑙（Birkenau），是可容纳20万人的死亡集中营；奥斯维辛3号营，是工厂中心。据估计，光是在奥斯维辛集中营区，就有多达200万名犹太人被杀害。

死亡集中营

党卫军评估需要消灭1100万犹太人，所以就依照将会被送来灭绝的人数，建立其他集中营加以处理。因此1942年年初，纳粹在波兰境内建立了4座集中营，分别为贝尔兹克、卢布林（Lublin）、索比堡（Sobibor）和特雷布林卡，此外也在第三帝国的领域内建立另外两座集中营，分别是切姆诺（Chelmno）与奥斯维辛。贝尔兹克的消灭能力为每日15000人，而特雷布林卡和卢布林则以每日能处

理25000人而自豪。当然还有其他的集中营，而且尽管它们不是死亡集中营，但在很长的一段时间内，暴行和谋杀事件一再地在所有集中营内上演，而被收容人的生活条件也十分恐怖，这些集中营的名字从这个时候开始就与纳粹主义的一切邪恶联系在一起：达豪、萨克森豪森、布痕瓦尔德、拉凡斯布吕克、毛特豪森、卑尔根-贝尔森（Bergen-Belsen）、特芮辛施塔特、福洛森堡（Flossenbürg）和纳茨维勒（Natzweiler）。

在第二次世界大战期间，共有600万犹太人死在纳粹手中。一名年轻的空军新兵鲁道夫·伍尔斯特（Rudolf Würster）做了一个恰如其分的结论。他曾在波兰目睹犹太人被杀害，却保密到底，并且"只跟最亲密的朋友吐露我的感觉，我认为万一这场战争我们打输了，会有很多事情等待我们去回答"。

第16章
战败的德意志

"我从内心最深处对你们所有人表示我由衷的感谢之意，就如同我希望你们会因此而决不放弃斗争，不论在何处都要持续抵抗祖国的敌人一样不证自明……从我们的将士牺牲，从我本人和他们团结在一起直到死亡为止，国家社会主义运动的种子将会在德意志的历史上重现生机而再生，人民共同体也将再度真正实现。"——阿道夫·希特勒的政治遗嘱，1945年4月29日。

希特勒在第二天自杀了。柏林卫戍司令魏德林将军于5月2日下令全城投降。英军指挥官陆军元帅蒙哥马利在5月4日接受德国北部和西部德军部队的投降，西方盟军最高统帅德怀特·艾森豪威尔将军接着于5月7日在兰斯（Rheims）接受

↓图为柏林总理府后方的元首碉堡入口。前方就是希特勒和伊娃·布劳恩的遗体被焚毁的地点。

德国投降；最后，德国投降书于5月8日再次被递交到苏联受降代表的面前，并在次日生效。

再度降临的和平

德国的平民百姓和军人们从地下室、防空洞、散兵坑和壕沟中现身，进入和平的世界。布伦希德·彭塞尔和一群同事从宣传部的防空洞中走出来，步行到5.5千米外的坦普霍夫（Tempelhof）："战争才刚结束不久，步行穿越柏林市区时触目所及的景象相当可怕，到处都是死去的人员和马匹。苏军的女宪兵已经在外面指挥交通了。"第一线部队对待德国平民的方式看起来和紧跟在后的那些部队

↓图为1945年，柏林勃兰登堡门（Bran-denburg Gate）上被毁的雕像。这座城市先遭到轰炸，再经过激战，最后被胜利的盟国划分成四部分。

有所区别。

约根·葛拉夫（Jürgen Graf）是一名家住柏林的少年，他遇见的第一批苏军部队"非常友善，有时候还给我们东西吃"。他的家人和他们之间的关系"在接下来整整48小时内非常良好"，然后"下一波苏军部队抵达，并且搬了进来，准备留下。这些苏联人真是坏透了。他们主要的问题是酗酒，而且就是这些人在那段时期内开始在柏林强奸妇女和劫掠财物"。他们沉溺于四处破坏的放荡中，砸烂了葛拉夫父亲的艺术收藏，把他的"绘画当成靶子"，捣碎贵重的瓷器，还烧毁了木制雕像。因此葛拉夫总结道："跟苏联人住在一起就是像这样。第一批部队相当友善，并给我们食物，他们有德语讲得非常溜的军官，告诉我们要保持冷静，一切都会很好。这些军官解释首先他们会拿下柏林，然后建立一个某种形式的地方自治政府，以取代纳粹的统治。所有这些都令人鼓舞。但就在48小时后，房子被烧毁、妇女被强奸，几年来参与地下秘密活动、从事反法西斯工作的人都被抓去枪毙了。"

布伦希德·彭塞尔同意此点："苏联人没碰我们一根汗毛，我也没有被强奸。我们很幸运地被这群独特的军人俘虏，他们是朱可夫麾下的部队，纪律严明，妥善地对待

我们。"她还说了一则关于看守她和同事们的年轻部队官兵的有趣轶事："年轻的苏军士兵一直来探望我们，我们都猜测他们是守卫。我还很年轻，因此刚开始时很自然地认为他们对我有兴趣，但他们过来是因为想跟尤纽丝（Junius）女士（一名较年长的翻译，在德国新闻局工作）说话，她是白俄罗斯人。他们每次过来的时候都会带着伏特加和洋葱，接着把所有的东西放在桌上，然后拿出玻璃水杯，我得负责斟酒并和他们一起喝，一坐下来就和尤纽丝女士聊上好几个小时。当他们离开后，我总是问尤纽丝女士和他们谈了些什么，她说：'他们全都是很棒的男孩子，想要知道生活在沙皇统治之下的俄罗斯是什么样子。'"

当德军士兵投降的时候，他们就有了截然不同的经历。那个时刻极度危险，有很大的风险会被毫无预警地枪毙或是被痛殴一顿。但相反地，许多人因为他们获得人道待遇而感到惊喜，特别是因为他们持续接受纳粹宣传洗脑，声称很可能会被立即处决。一些德军部队官兵因为在被俘之后与盟军接触，他们的种族偏见因此受到严重挑战。罗塔尔·洛沃于5月5日投降，并理所

↑图为1945年3月底，当德军战俘队伍在德国吉森（Giesen）附近向后方行进时，美军第6装甲师的战车和卡车在他们身旁前进。

当然地担忧："俘虏我们的敌军要我们面对一间仓库的墙壁排成一排站好，旁边的地上躺着两具平民尸体，我想我们要被枪毙了。其中一位军官和其他人热烈地讨论起来，然后他们突然靠近，拿走我们的戒指和手表，但我也发现多了两包之前没有的香烟——苏联人把两包德国香烟塞进我手里。"

苏军治疗了他和同僚们身上的伤口，然后给他们东西吃。洛沃没有餐具，然后"就是这个布尔什维克分子，我长久以来一直相信是怪物的人，借给我这个北欧日耳曼人整套餐具和汤匙让我吃东西"。他曾目睹过德军对待苏联战俘的方式，他们一直受到恶劣对待，没有足够的饮食，并且"把他们弄得看起来像是我们想象中次等人的模样"。他大吃一惊："对我来说，

我无法想象德军士兵把他的餐具和汤匙借给苏军战俘使用的情形。但事实是这个苏联人自愿地、热情地把他的东西借给我，因为他觉得对我感到抱歉，动摇了我对他们的想象的基础。我就在那个时候告诉自己，也许苏联人与他们告诉我们要相信的大不相同，这是我第一次碰见苏联人，而这个经历我将永生难忘。"

沃夫岗·卡萨克（Wolfgang Kasak）向与苏军并肩作战的波兰人投降："我被一个非常亲切的波兰士兵带走。他一个字也没说，就让我明白我会被审讯，身上的东西都会被拿走，因此我何不把手表给他。"

库尔特·迈尔-葛瑞（Kurt Meyer-Grell）在1945年5月7日被苏军俘虏："我们全都陷入一股毁灭感中……因为害怕会被苏联人宰割，

↓投降的那一刻相当危险，战俘可能会被立即枪毙，受到漠不关心的冷淡或时常相当仁慈的待遇。

甚至到了1945年还是有许多人依然相信苏联人不留俘虏。我记得非常清楚，当我们列队走出来上卡车时，有许多人预料会被载到距离最近的沟渠枪毙……刚开始我们受到彬彬有礼的对待，没有其他方式可以形容。当我们穿越放眼望去都是瓦砾废墟的街道，行军通过苏军军官身旁时，我瞧见他们向我们敬礼。"

被俘的沃夫岗·薛勒（Wolfgang Schöler）说："我和连上剩下的官兵一起被捷克游击队俘虏。他们把我们交给苏军。我一定要说，在这种情况下，我们受到的待遇相当好。"

在但泽被俘的布鲁诺·威克（Bruno Weik）也有类似的遭遇，他回忆道："苏联人没有虐待我们，还为我们包扎伤口，没有表现出怨恨，也没有威胁我们。一名年轻的苏联军医官以非常亲切和善的态度对待我们……我们一起喝酒，大部分时间他们连瓶子里装的是什么都不知道。他们有法国的干邑白兰地，让每一个人都喝一口……尽其所能做到最好。你不能说他们是三流民族或是次等人。"

被美军俘虏的人也讲述了类似的故事。罗贝尔特·佛格特被关押在罗恩（Rouen），他在那里第一次亲眼看见黑人士兵："当我们看见他们时，心里怕得要死，并且想：'噢，我的老天！现在我们完蛋了！'这个感觉来自——在这里一定要说我们被第三帝国骗了——我们一直被灌输这些人是次等人、野蛮人之类，甚至当我们还在学校念书时就知道这些了，因此我们吓坏了；但过了20分钟我和一名美军黑人士兵谈话后，恐惧就烟消云散。"

当他告诉那名士兵肚子很饿时，那个人就开车载他到一处野战厨房，他们一起把食物搬上吉普车，然后再开回来分送给其他德军战俘。就像罗塔尔·洛沃看见红军士兵展现出的仁慈，佛格特被迫去重新评估他曾被教导要去相信的许多事情："我一定要说我逐渐认为这些黑人士兵是保护我们的人，我开始严重怀疑第三帝国的宣传。现在有证据证明我们以前都被骗了……他们不是畜生，比起美军的白人士兵，我们更喜欢他们。他们对我们说：'我们是黑奴，你们是白奴。'他们亲切极了。这个和黑人相处的主要经历让我很好奇：'如果他们有关黑人的言论是个谎言，那么又对我们说了其他哪些谎言呢？'"

投降的德军官兵也有可能受到暴力对待，或是充其量漠不关心。身负重伤的鲁道夫·菲尔特回忆起："我们认为苏军会赶来把我们枪毙。他们确实很快就赶到了，但是并没有伤害我们，不过也没有帮助我们。"然而沃夫岗·卡萨克也许体验了一次身为俘虏更典型的例子："当行军进入战俘营时，我永远也不会忘记一名15岁的男孩就在我面前被枪决。他只不过是再也走不动了，一名苏军士兵就给了他几枪。这名男孩还活着，不过几名军官靠了过来，举起枪来朝男孩的耳朵开火。我们花了全部力气留在移动速度极为缓慢的人群中央，被赶往东边，无论在什么时候一直都会听到冲锋枪射击掉队的人的声音。"

在1945年2月的雅尔塔（Yalta）会议中，三个主要盟国的领袖温斯顿·丘吉尔（Winston Churchill）、富兰克林·罗斯福（Franklin Roosevelt）和约瑟夫·斯大林（Josef Stalin）——同意将德国分成英国、美国、苏联和法国四块占领区，并在每个占领区中建立军事政府，德国战俘的长期待遇很大一部分取决于他们被扣留在哪一区中。西方盟国曾试图为数量日益增多的德军战俘维持合理的收容标准，这是个让人有点担心的任务。英国陆军元帅蒙哥马利描述在他控制下的英军占领区面临的局势："在占领区……有许多骇人的民生问题需要解决。在苏军攻占之前已有超过100万难民逃

↓图为1945年2月雅尔塔会议的"三巨头"：丘吉尔、罗斯福和斯大林。他们在会中同意战后将德国划分为四国占领区。

到这里。在这个区域的医院里，负伤的德国人约有100万，他们没有医疗补给。超过150万名未受伤的德军武装部队人员已经投降……还有那些难民现在都成了战俘。食物即将耗尽，运输和交通服务已经中止运作，大部分的工业和农业也停摆了。"

蒙哥马利粗估手头上约有2000万德国人的食宿需要加以安排，他毫不犹豫地承认："有堆积如山的问题需要解决，而且要是无法在冬季来临前解决的话，许多德国人就会因饥馑、衣不蔽体和疾病而死去。"

在法国、美国和苏联的占领区，盟军统治当局面对几乎完全一模一样的问题。因此尽管约瑟夫·胡纳巴赫也许判断他待在盟军

↓图为1945年时不来梅一条被毁的街道。所有占领德国的盟国都面临为数量庞大的难民和无家可归的人提供临时住所的问题。

↑图为难民向西朝德国的英军占领区前进，几乎没有多少平民百姓希望留在复仇心切的红军占领区域内。

战俘营期间"非常棒"，但当盟军的后勤过度紧绷时，稍后才被俘虏的人就面临着迥然不同的处境。由于俘虏的数量如此庞大，收容的条件因而迅速降低。在所有的盟军占领区中，生活条件极其严峻，许许多多的德国人因饥馑和衣不蔽体而死。美军上尉弗瑞德里克·席格弗里特（Frederick Siegfriedt）目睹前党卫军人员在法国东部齐明（Zimming）附近一处战俘营中的生活状况，感到惊骇不已，表示CCE27战俘营的作业看起来"是典型的体系"，他接着说道："当一个封闭场地得到一群不知道做什么事的战俘，或不能以其他方式处理，他们就会在没有通报的状况下被送往另一个封闭场地……我不知道这过程中有多少人死亡，也不知道他们被埋在哪里。我确定美国人没有埋葬他们，而我们也没有推土机这类的东西。我只能假设详细的状况是德军战俘会埋葬他们。我可以坐在办公室里从窗户向外看去，并辨别出被抬着的人是死了还是活着，看看是否有第五个人带着被抬着的人的私人物品跟在后面。数目大约是一天5到20个。"

他得出结论："很显然地，我们，也就是美国陆军，并未准备好处理数目如此庞大的战俘。"美军已听任战俘营的水准降低至《日内瓦公约》要求的标准以下。1945年时，负责管理法国境内美军营区的亨利·艾勒德（Henry W. Allard）中校表示："欧洲的ComZ区（美国陆军后方地区）战俘营标准相较之下，只比我方人员告诉我们的日本战俘营生活条件好一点而已，甚至更差，根本比不上德国的。"

德国人的陈述证实了美方此一评价。赫尔曼·布洛克斯多夫（Hermann Blocksdorff）对辛齐希（Sinzig）战俘营生活令人沮丧的描述值得在此详细引述："每10个人为一组，可以被分配到一块约有中等大小客厅面积的室外活动空间。我们必须像这样子生活三个月，根本没有屋顶可以遮风避雨。就算是身负重伤的人也顶多得到一捆麦秆。但莱茵河这一带一连下了好几天的雨，而我们一直就待在外面，人们就像苍蝇一样地死去。然后我们得到一份粮食配给，我可以向上帝发誓绝对没有半句谎话：我们总共10个人只得到薄薄一片面包，每个人只分到其中一小条。除此之外，同样是每10个人还得到一茶匙的奶粉、咖啡粉和葡萄柚粉，还有一茶匙的糖。一个人，就只有一条面包，再加上一茶匙刚才提到的各种粉，就这样过了三个月。我的体重只有45千克。每天都有死掉的人被抬出去。然后就会有人通过扩音器说话：'德国的军人们，吃的时候慢一点，你们已经有很长一段时间没有东西吃了，当你今天从世界上补给最好的陆军拿到粮食配给时，如果不吃慢一点的话就会死。'"

↓盟军发现他们需要处理数量庞大的战俘。当被俘人员的数量超过战俘营能够容纳的人数时，营中生活条件就开始恶化。

当他在1945年6月被释放时，他和同僚"看起来就像稻草人"。布洛克斯多夫愉快地回到家里，他回忆道："我是多么庆幸自己还站得起来！当我按门铃时，开门的是美国人——我太太的新朋友们，他们问我到底想要什么。"

美国人和苏联人对待德军战俘方式的主要不同之处，不在于德国人所要忍受的生活条件，而在于被关押时间的长短。西方盟国热心地尽可能把他们手中的德军战俘遣送

↓图为被破坏的科隆大教堂。在第二次世界大战期间，无数的艺术和建筑瑰宝毁于战火中。

回国，一旦确定德军战俘不是党卫军、盖世太保或是追缉中的战犯，英国人和美国人就急于释放他们，苏联人则决心惩罚那些在苏联领土上大肆破坏的人。谈到强迫德军战俘劳动，实际的生产所得比关押他们所花费的成本还少一点，但不能阻止苏联人广泛利用数量庞大的德军战俘。整体说来，那是一段残酷的体验。沃夫岗·卡萨克被运到伏尔塔河（Volta）上的某个地方，在那里"我们得建立自己的营地"，虽然如此，他必须承认"即使是饿着肚子的战俘也不得不对当地瑰丽的风景感到赞叹不已"。沃夫岗·薛勒回忆起："坦白说，我不认为需要任何人告诉我们关于集中营内的生活条件，因为我们的条件跟他们的相去不远。举例来说，刚开始时我们那一群大约有9000人，然后在很短的时间内，至少就有1800人在非常不愉快的状况下死去。由于恶劣的待遇和亚热带气候，我们的体能被剥削。"

在那趟可怕的东方旅程中，约瑟夫·吕金（Joseph Lücking）的同僚每10个人中就有一个死亡，他认为一天三杯面粉汤的配给食物："就只有这样，然后就一连过了几个星期，但在另外一边情况也没有太大的不同。老实说，苏联人自己也因为可怕的饥馑而受苦受难。我的意思是，我在莫斯科时亲眼看见

苏联人当天把很多死去的人从街道上搬开，他们在1945年时死于营养不良。"

即使是沃夫岗·薛勒也承认，尽管他被监禁在苏联期间遭受了不当的对待，"我还是体验了一些事情，确认了苏联人民的善意。我被带到一家苏联医院，由苏联医生和护士照顾，我从未有印象他们对待我们有任何的不同，就好像我们是他们自己人一样"。

那些被送到苏联古拉格（Gulag）的德国人，他们在那里如同奴工一般地工作，也许有偶尔的机会可以回家，但前提是要能够活下来。有些人大约在一年之后被释放，其他人则必须忍耐下去，直到1956年康拉德·阿登纳（Konrad Adenauer）的西德政府终于就生还者的返国问题完成谈判。但在此之前，已有成千上万的人死在苏联。

一小群纳粹死硬派分子想要继续战斗。在战争的最后几个月，纳粹领导阶层企图建立一支"狼人"（Werewolf）游击队，以继续进行战斗。赫贝尔特·密泰史岱特（Herbert Mittelstädt）详细叙述了很可能是相当典型的企图招募志愿人员的例子："1945年5月1日，我们的中尉走到我们25个人旁边，然

↑图为一张所谓纳粹"狼人"的照片。他们是战争结束后在中欧的森林中流浪的狂热纳粹分子，但其付出徒劳无功。

被击倒的国家
——德意志

1.希特勒的权力中枢：帝国总理府接待室遭破坏后的断垣残壁。"千年永固的纳粹帝国"仅存在了12年，就在柏林的瓦砾堆中画上句点。

2.这些前往投靠住在科隆-亚琛（Aachen）地区亲友的人非常幸运，因为他们有车子可以坐。

3.战后柏林贝壳屋被炮火重创的断垣残壁。妇女，也就是"废墟清除女工"，持续地努力清除瓦砾。

4.难民们拥入西柏林，许多柏林人选择逃离苏联占领区。

5.人民挣扎求生，因为食物的供应依然不足。如图，德国平民把路边死马身上的肉割下来。

6.在哈尔柏施塔特（Halberstadt），一名德国家庭主妇捡拾任何可以拿来烧的东西。据估计在95%的德国城镇里，木材是唯一的燃料来源。

7.吕纳堡的居民们排队取水。由于德国大部分公共设施都被摧毁，有关当局就必须想办法供应人民基本需求，比如饮水等。

后严肃地宣布：'我不再相信还有什么方法可以让我们赢得战争，所以我要解散你们，不过你们当中有任何人想要继续战斗的话，可以跟我一起当狼人。'只有一个人把他的手举了起来，他的家人在东普鲁士，返乡的可能性根本就非常渺茫。中尉眼看着只有一个人愿意追随他，于是说：'这样根本就不值得，所以我也要把自己给免职！'"

克劳斯·梅斯默（Klaus Messmer）是一位相当活跃的成员，他和他的小组试着破坏并炸毁法军军用车辆，然而即使如此，他也认为继续战斗无济于事："我们马上就明白，努力抵抗绝对无法改变任何事情。一个新时代已经揭开序幕了，我们根本就无能为力。"

由于大部分男人不是战死就是被关在战俘营里，刚开始的清理工作就得由住在城市里的妇女来完成。当战争结束时，安娜·密泰史岱特（Anna Mittelstädt）正在柏林，被挑选成为废墟清除女工（Trümmerfrau），负责清除瓦砾。她说："在苏联人抵达后，私人公司就雇用妇女移除废墟瓦砾并清洁街道。我们像狗一样地工作，四周根本就没有男人，他们要不是死了，要不就是被关在战俘营里。我们得走上很长一段路才能到工作的地方。少数幸运儿可以坐电车，而且令人惊讶的是，尽管经过所有的轰炸，电车依然完好如初可以营运。我在柏林组织并指挥一个废墟清除女工队。"

大约有5万名妇女投入工作，以赚取额外的粮食配给。君特·葛

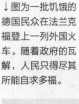

↓图为一批饥饿的德国民众在法兰克福登上一列外国火车。随着政府的瓦解，人民只得尽其所能自求多福。

拉斯（Günter Grass）的小说作品
《我的世纪》（*My Century*）书中
有一段文字，堪称是描写此一情况
最佳的叙述："砖灰。我告诉你，
到处都是砖灰。在你呼吸的空气
里、在身上穿的衣服夹层，还有齿
缝中——你想得到的地方都有。但
你认为这状况使我们意志消沉吗？
我们女人没有。重点是战争结束
了……把瓦砾铲走是一件辛苦的工
作。我们利落地把那些依然完好的
砖头仔细地堆叠起来……她们说这
只是小事一件……你应该来看看我
们！老旧的陆军毛毯做成的工作
服、破破烂烂的羊毛衣，还有围在
脖子上的围巾，绑得紧紧的，这样
灰尘就不会跑进去。在柏林有5万
个废墟清除女工……她们当中连一
个男的也没有。"

　　1945年5月之后，在和平的前
几个月内，德国妇女是重建工作的
真正力量。她们就是相信在过去忍
受了太多，以至于现在无法一走了
之。男人们就算回来的话，也经常
是身心备受煎熬，最后那些有幸回
来的男人就得想办法重建他们的家
园，恢复原来的生活。在被前进的
苏军切断退路时忍受了可怕遭遇的
瑞娜特·霍夫曼，千方百计地回到了
慕尼黑，和被严重烧伤的丈夫见面：
"我们紧紧地互相拥抱并说话，我
立即明白就是这个声音，一切都没有
变。我的丈夫下床穿上浴袍——一

↑被迫面对真相。作为盟军去纳粹化计划的一部分，德国人被强制观赏描述纳粹当局暴行的新闻影片。

样的姿势、一样的动作，同样的一个
人，但有一个地方还是让我震惊不
已，因为他的脸已不再是原来的那
张脸了——已经不见了。"

　　重要的是，让全家人团圆的就
是她："我们迅速达成一致，我应
该回到苏联占领区，找到孩子们，
并尽快回到慕尼黑，我就这么做了。
1945年的秋天，我们一家人就再次
团聚了。"

　　德国在紧接下来的战后时期面
对大量问题。它在人员方面付出的
成本大得令人吃惊，共有285万名
军人和50万名平民死亡。德国的基
础设施也受到极为庞大的损害，在
全德国境内的1900万间住宅中，共
有275万间全毁，另有125万间受到
严重破坏。各个城镇和城市之间的
损失也极为骇人：汉堡丧失53%的

↑图为轰炸造成的损害，摄于1948年。德国境内的重建费时数年之久才完成。

住宅，科隆损失70%，多特蒙德失去66%，慕尼黑损失33%，德累斯顿丧失60%，还有柏林，也许令人讶异，37%。超过1600万名德国人逃离东方沦为难民，德国境内还有450万名无家可归的外籍劳工，还要加上200万名不同国籍的战俘。公共交通网都被破坏了，特别是铁路系统，许多公共设施也一样。

当仍然活着的人在日常生活的基础上和毁灭、贫困与饥馑搏斗时，一种麻木感攫取了他们。在希特勒的领导下，德国人民已无异于国家自杀，在现代从未有一个主要强权如此衰弱。对那些留在第三帝国的断垣残壁、破砖败瓦当中的平民百姓来说，活着是他们的主要目标。

术语表

雅利安（Aryan）：此一名词由语言学家弗里德里希·马克斯·穆勒（Friedrich Max Müller）首创，用来描述在远古时代移居到西北欧的人种。在纳粹眼中，欧洲是由"北欧人"组成所谓"雅利安种族"的中心。

闪击战（Blitzkrieg）：是德国陆军在20世纪20年代发展出来的一种战略概念，内容是运用大规模装甲部队，在具备压倒性优势的空中武力支援下，瘫痪、包围并歼灭敌方武装部队。对闪击战来说，速度、出其不意和恐怖缺一不可，还可以再加上军级和师级指挥官大胆且具有想象力的领导。闪击战在1939年至1941年间获得惊人的成功。

冲锋队队员（Der Stürmer）：纳粹党周报，充斥半色情与暴力性反犹主义内容，由优利乌斯·史特莱赫编辑。

特别行动部队（Einsatz-gruppen）：首先由希姆莱和海德里希在1939年组织，他们跟随陆军进入波兰，谋杀国家各级领导人，并围捕犹太人，将他们赶进犹太人居住区（他们也借此杀害了大量犹太人）。在入侵苏联期间，特别行动部队被分成四个单位，每个单位有3000人。到了1943年3月底，据估计他们已杀害633300名犹太人，接着在1944年至1945年间又另外杀害了超过10万名犹太人。

志愿军（Freikorps）：在第一次世界大战结束时，由一些退伍军人响应战时长官号召组成的私人单位。这些右翼的准军事组织，比如艾尔哈特旅，是由德国陆军政治部的施莱赫（von Schleicher）上尉秘密提供资金，以保护德国东部的边界，之后则镇压国内的革命运动。希特勒曾在1919年目睹志愿军对巴伐利亚共产党政府的残酷镇压。慕尼黑成为志愿军成员的暂时栖身处，后来则有许多人加入冲锋队的行列。

省党部主管（Gauleiter）：纳粹党在某一省（Gau）中的资深行政领导人员。在1938年时，共有32个纳粹党省党部，到了1942年时则有40个。

劳动阵线（Labour Front）：第三帝国唯一的劳工联盟组织，于1933年建立，掌控了德国劳动大军各方面的所有领域。

盖世太保（Gestapo）：国家秘密警察（Geheime Staatspolizei）。他们是第三帝国的秘密警察，运用恐怖手段维持对国家及人民的控制，战时其活动范围扩展到被占领的国家。在1943年高峰时期，共有45000名盖世太保控制60000名干员与100000名线民。此一组织由海因里希·穆勒指挥。

德国共产党（Kommunistische Partei Deutschlands, KPD）：德国共产党在1933年被纳粹消灭前，是世界上除了苏联共产党以外最活跃的共产党。在20世纪20年代时，德国共产党相信纳粹是资产统治阶级的一部分，并将社会党视为真正的敌人，此一情况导致纳粹党和德国共产党多次合作，破坏社会党的集会。

"长刀之夜"（Night of the Long Knives）：1934年6月，希特勒和党卫军对冲锋队进行大肃清。随着希特勒的掌权，罗姆与冲锋队领导阶层讨论进行二次革命，计划在过程中将传统的权力集团一扫而空，表示冲锋队才是这个国家真正的保卫者。6月30日，希特勒命令党卫军开始处决那些被认为是"政权敌人"的人。约有1000人遇害，包括罗姆和葛瑞格·史特拉瑟。

纽伦堡法（Nuremberg Laws）：由威廉·史图卡尔特（Wilhelm Stukart）起草的一系列反犹太人法案，于1935年的纽伦堡大会上公开，并于当年9月开始执行。第一部有关公民身份的国家法承认人分为两种等级：帝国公民（Reichsbürger），他们拥有纯正的日耳曼的血统；所有其他类别的人就是国家下级附属人（Staatsengehörige），也就是国家的臣民。在这些法案制定之后，大约有250道行政命令随之而来，剥夺犹太人的经济权利，并强逼他们佩戴大卫之星标志。

帝国劳动役（Reichs-arbeits-dienst）：根据一项在1933年6月26日制定的法律，所有年龄介于19岁至25岁的男性都要被强迫参加6个月的劳动服务。这项法律在后来也扩大到女性身上。

德国国会（Reichstag）：德国国会位于柏林市，1933年2月国会大厦被大火烧毁后，国会议员改在柏林的克洛尔歌剧院集会。

德国国会大火（Reichstag Fire）：在希特勒担任总理一个月后，德国国会大厦被彻底焚毁。次日，兴登堡总统暂时冻结了所有的公民自由权，而此一行政命令在3月时成为法律，此举导致希特勒的独裁，而德国在实际上也成为一个警察国家。尽管共产党员马利乌斯·范得卢博（Marius van der Lubbe）为此一罪行被审判、宣告有罪并处决，但有人怀疑可能是冲锋队派出的一支小队纵火焚毁了国会大厦。

魏玛防卫军（Reichswehr）：《凡尔赛条约》允许魏玛共和国拥有的一支10万人陆军。

冲锋队（Sturmabteilung, SA）：也就是所谓的褐衫队，他们是穿制服的纳粹支持者，由恩斯特·罗姆从1921年开始招募。其成员大部分是由退伍军人和前志愿军人员组成，冲锋队的人数不断增长，直到1923年慕尼黑"啤酒馆政变"之后被查禁为止。然而随着纳粹党的改革，冲锋队的数量继续增加。当希特勒于1933年成为总理时，冲锋队的队员达到50万人。希特勒害怕罗姆和冲锋队变成敌对的权力基础，因此下令党卫军在"长刀之夜"整肃冲锋队。

保防处（Sicherheitsdienst, SD）：纳粹党自己的情报和安全组织，由莱因哈德·海德里希指挥。其业务范围十分广泛，包括1933年纳粹上台后的国内安全以及国外情报侦防。

党卫军（Schutz Staffel, SS）：德文原意为卫队。他们在刚开始时是希特勒的私人贴身卫队，在希姆莱的领导下变成国中之国、军队中的军队，最后发展成一个具有许多分支的组织，比如武装党卫军（Waffen-SS）、集中营、种族与重安置办公室，还有为数众多的企业。在纽伦堡大审时，党卫军被宣告为犯罪组织。

欢乐力量旅行团（Kraft durch Freude, KdF）：纳粹为工人设计的休闲娱乐计划，成功且受到欢迎。运动和休闲活动使一般德国人更容易从事国外旅游、游乐区休闲和娱乐活动，其对第三帝国来说具有丰富的宣传价值。

《凡尔赛条约》（*Versailles Treaty*）：1919年6月签订，结束第一次世界大战的和平条约。该条约建立了国际联盟，并成立了捷克斯洛伐克、波兰、匈牙利和立陶宛等国，还有但泽"自由市"。德国陆军缩减到10万人，海军形同虚设，另外也禁止德国拥有空军。

国民突击队（Volkssturm）：第三帝国最后防线的防御单位，于1944年10月成立。年龄介于16岁至60岁的所有男性都被编入其所属各辖区内，不过他们只经过短期训练，武器和制服都严重不足。

万湖会议（Wannsee Confer-ence）：1942年1月在柏林万湖党卫军帝国安全总局召开的会议，会议决定了"最终解决方案"（即灭绝犹太人）。这场会议共有15名党卫军和政府官员出席，由莱因哈德·海德里希主持。

魏玛共和国（Weimar Republic）：从1919年至1933年统治德国的共和政体，其国民议会在魏玛集会，该城位于柏林西南方约240千米处。